历史的丰碑丛书

中国药圣
李时珍

白桦 左冰 编著

吉林人民出版社

图书在版编目(CIP)数据

中国药圣——李时珍/白桦,左冰编著.--长春:
吉林人民出版社,2011.4 (2025.4 重印)
(历史的丰碑丛书)
ISBN 978-7-206-07678-7

Ⅰ.①中… Ⅱ.①白… ②左… Ⅲ.①李时珍
(1518~1593)—生平事迹—青年读物②李时珍(1518~
1593)—生平事迹—少年读物 Ⅳ.① K826.2-49

中国版本图书馆 CIP 数据核字 (2011) 第 037137 号

中国药圣 李时珍
ZHONGGUO YAOSHENG LISHIZHEN

编　　著:白桦 左冰
责任编辑:赵元元　　　　　封面设计:孙浩瀚
制　　作:吉林人民出版社图文设计印务中心
吉林人民出版社出版 发行(长春市人民大街7548号 邮政编码:130022)
印　　刷:北京一鑫印务有限责任公司
开　　本:787mm×1092mm　　1/16
印　　张:8　　　　　字　数:72千字
标准书号:ISBN 978-7-206-07678-7
版　　次:2011年4月第1版　 印　次:2025年4月第3次印刷
定　　价:35.00元

编者的话

　　"欲知大道，必先为史"。

　　回溯人类的足迹，人们首先看到的总是那些在其各自背景和时点上标志着社会高度和进步里程的伟大人物。他们是历史的丰碑，是后世之鉴。

　　黑格尔说："无疑，一个时代的杰出个人是特性，一般说来，就反映了这个时代的总的精神。"普希金说："跟随伟大人物的思想是一门引人入胜的科学。"

　　以史为鉴，面向未来。作为21世纪的继往开来者，我们觉得，在知史基础上具有宽广的知识结构、开阔的胸襟和敏锐的洞察力应是首要的素质要求，而在历史的大背景中追寻丰碑人物的思想、风范和足迹，应是知史的捷径。

考虑到现代人时间的宝贵，我们期盼以尽量精短的篇幅容纳尽量丰富的信息，展现尽量宏大的历史画卷和历史规律。为此，我们编撰了这套丛书。

编撰丛书的过程，也是纵览历代风云、伴随伟人心路、吸收历史营养的过程。沉心于书页，我们随处感受着各历史时期伟大人物所体现的推动历史进步的人类征服力量。我们随着伟人命运及事业的坎坷与辉煌而悲喜，为他们思想的深邃精湛、行为的大气脱俗而会意感慨、拍案叫绝。

然而，在思想开始远游和精神获得享受的同时，我们也随之感受到历史脚步的沉重和历史过程的曲折。社会每前进一步都是艰难的，都伴随着巨大的痛苦和付出。历史的伟大在于它最终走向进步，最终在血污中诞生了鲜活的"婴孩"。

历史有继承性和局限性，不能凭空创造。伟人也有血肉，他们的思想、行为因此注定了同样具有历史的局限性和阶级的、时代的烙印；他们的功业建立于千千万万广大人民群众伟大创造的基础上。历史是人民群众创造的，伟大的人物们是历史和时代造就的。同时，我们也无法否定此间他们个人的努力。这也正是我们编撰这套丛书的目的。

我们期盼着这套丛书得到社会的认同，对读者，特别是青少年读者之历史感、成就感和使命感的培养有所裨益。史海浩瀚，群星璀璨。我们以对广大青少年读者负责的精神，精心遴选，以助力青少年成长进步，集结出版了《历史的丰碑》系列丛书，敬请读者批评、指正。

历史的丰碑丛书

造七级浮屠莫若救人一命，医世疗人必赖灵丹妙药。医药之学，中国古称"本草"，历来为医家方士必修的科目。行医治病而不谙本草之学，无异于谋财害命。然而，药物种类繁多，内容庞杂，必以精研深造方可为之。

　　明代中国药圣李时珍承继家学，学以致用，普济苍生，博览群书，若啖蔗饴，内修外探，废寝忘食。他不避千辛万苦，常跋涉于深山、茂林、水泽、修竹之间，历30余载春秋寒暑，穷搜博采，芟繁补阙，参阅近千种医药著作，结合临床实际，终于编竣巨著《本草纲目》。全书52卷，收载分析药物1892种，总计190余万字，博大精深，堪称中药学划时代的经典。

　　李时珍不仅医术精湛，药学造诣惊骇百代，而且在生物学、化学、矿物地质学以及博物学等领域，取得了卓越成就，是公认的世界级的大科学家。

目　录

历史的丰碑丛书

杏林世家

> 诗书礼仪传家久，德艺文章
> 日月长。
>
> ——民间楹联
>
> 没有良好的遗传，没有良好
> 的家庭教育，没有仁心的人们，
> 奉劝他们顶好不要学医。
>
> ——科歇尔

李时珍（公元 1518 年—1593 年），字东璧，别号
濒湖山人，他是中国明代中后期杰出的医药学家和科

学家。

明代，是中国封建社会末期一个比较繁荣稳定的时期。由于天下一统、四海升平，多年休养生息，国家日益富强，国力渐趋强大，以至于明朝永乐皇帝朱棣特派郑和七下西洋，以通惠诸国番邦，加强对外交流和贸易，显示中央集权和天朝大国的恩威。

经济发展和社会稳定，离不开人口增长，离不开医药学的发展。中国明代药物学的成就，较医学为大。从明太祖朱元璋第五子朱橚起，揭开了明代医药学发展的序幕。

朱橚，是明朝开国皇帝朱元璋的第五个儿子。洪武三年（公元1371年）被封为吴王，后改封为周王。朱橚自幼聪颖，好学能词，为了避免争夺皇位，兄弟

← 清明上河图（局部） 明·仇英

→少年时的李时珍

阅于墙，他潜心于医药方书，广泛搜集古今方剂，编辑《普济方》，全书 168 卷，后编入清朝《四库全书》。《普剂方》包括方脉总论、运气、脏腑、身形、诸疾、妇人、婴儿、针灸、本草等共 100 余门，载有 1960 篇论文，总录药方 61739 个，并附有图谱 239 幅，可谓集明代以前医药方书之大成，是明朝规模最大的方剂巨编。

明朝医药学发达，人民安康，与国家倡导不无关系。这是李时珍大展鸿图的总背景。

1518 年，李时珍出生于湖北蕲州（今属湖北省蕲春县）一位医生世家里。蕲州位于烟波浩渺的长江之滨，距离武汉不足 200 公里，向南行数百公里可入湘赣，西走百余公里即为皖西，北望豫北，交通水路比较便利。这里气候湿润，雨量丰沛，是各种植物草木的重要聚生地。

李氏家族世代为医，普救众生。世代居住在湖北

蕲州东门外的瓦硝坝（今属蕲春县蕲州镇）。李时珍的祖父是一位"铃医"，手摇铃铛，在农村走乡串镇，社会地位低下，朝夕不保，过着清苦自饴的日子。老人家虽收入菲薄，但医德高尚，崇尚文化，含辛茹苦地培养后代，以贻后人弘扬李氏济民于水火的家风。李时珍的父亲，名字叫李言闻，字子郁，号月池。自幼接受了良好的教育，博学精医，是当时鄂东地区的名医，曾为当时的王侯所器重，被聘为太医，任太医院吏目。李言闻见多识广，学问严深，著述颇丰，先后著有《月池人参传》《四诊发明》《痘诊证治》《蕲艾传》等著作，对祖国的医学和药学作出了一定的贡献。李时珍母亲张氏，娴惠温恭，识书知礼，但体弱多病，几至卧床。

李时珍幼年时

《北京民间生活彩图》串铃卖药图。李时珍的祖父就是一位"铃医"，或称"走方医"。

代，身体孱弱多病，后经中草药调治方得健康。自七八岁时起，李时珍就常和父亲在一起栽种一些药草。李家老屋的后边，是一座远近闻名的"百草园"。在那里，差不多一年四季都盛开着姹紫嫣红的花儿，像牡丹，国色天香；芍药，花团锦簇；水仙，冰肌玉骨，还有贝母、川芎、罂粟……数不胜数，美不胜收。

幼小孝顺的李时珍，总是搀扶着母亲，在百草园散步。他整天整日在园里嬉戏，梅标清骨，兰挺幽芳，茶呈雅韵，李谢浓妆，那一簇簇、一团团、一朵朵娇艳芬芳的鲜花琼草，常常令少年李时珍流连忘返。

他经常缠住母亲，指着这些花草问个没完，耐心

博闻的母亲总是告诉他，这些是鲜花，那些是药草，有些花草本身就可以入药，附带着也讲给他一些药草知识。有时，父亲带领家里人到附近的山里采草，在李时珍软缠硬磨下，也带他一行，让他亲眼看看草木茂盛的景观。

家庭医药世代的熏陶，加上家乡环境丘陵起

伏多生药草，湖中有水生动植物，湖上盛产水鸟野禽，所有这一切都为李时珍熟悉天然药物提供了良好的主客观条件。

←人参是一种中药，也是补药。

封建社会，医生的社会地位低下。学习孔孟儒学等道统方为大道，医、卜、星、相、堪、舆，皆为雕虫小技。穷人无钱医病，富人为富不仁，医生生活艰苦，其父虽曾贵为太医之职，却也饱尝天下行医的苦辣酸甜，所以不愿让自幼好读不倦的李时珍再学医药。

父亲要李时珍苦读四书五经，背诵《中庸》《大学》等儒家经典。14岁那年，李时珍参加了明代嘉靖十年的黄州乡试，中了秀才，补了诸生（即官学子弟），颇有声誉。按照时风，除考取秀才，还要应试举人、状元等学衔。李时珍自幼喜欢大自然，热爱医药学，并不热衷于科举，尤其痛恨八股文，其后曾三次乘船去武昌应试，没有考中。

这时，李时珍的内心十分矛盾。想到父亲的热望，

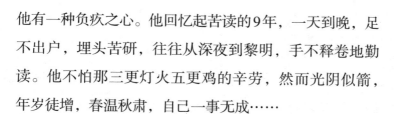

他有一种负疚之心。他回忆起苦读的9年，一天到晚，足不出户，埋头苦研，往往从深夜到黎明，手不释卷地勤读。他不怕那三更灯火五更鸡的辛劳，然而光阴似箭，年岁徒增，春温秋肃，自己一事无成……

23岁时，李时珍第三次应试不第，故决心打消"科举致仕宦游之路"的念头，毅然弃儒学医，子承父业，一心钻研医药。

李时珍的父亲李言闻十分开明，见儿子科举不成，遂专心教授他研习医药岐黄之术。李时珍随父学医，专心致志，神无旁骛，医名日盛。

"想做一名好医生，就不仅要认识药，而且还应该懂得药。"父亲的这一教诲，李时珍终生铭记着。他夜以继日地追求着医学技艺，恨不能骤然间成为妙手回春的杏林圣手。父亲告诉他，千锤百炼才能成钢，不经过七灾八难难求真经。李时珍感悟了，从此心定性安，一头钻入浩如烟海的医学典籍中，一面发愤苦读，一面勇于实践，医疗各种病症。

李时珍有一个外甥名叫柳乔，平素贪恋酒色，终于积疾沉疴，下身胀痛，大小便不通，不能坐卧，立哭呻吟达七八天，家人给他服用通利药，企图贯通大小便通道，帮助排泄，结果不见疗效。李时珍诊断和众人不同，他认为柳氏病在二阴之间，不在大肠膀胱上，父亲见他辨证施治颇为有理，同意他对症下药。李时珍乃用棟实、茴香、穿山甲等诸药，入牵牛花加倍，水煎服。一副药下去，病情立即减弱，三副药之后，病好如初了。

家人惊诧他料病准确，纷纷问之。他腼腆地回答说，祖父医案上曾记载此病，自己不过照葫芦画瓢而已。父亲一查家书，果然如此。但李时珍创造性地增减药剂，表现出自己的独到见解。

李言闻大悦，大声疾呼："吾李家即有名医矣！"他看到儿子的进步，感到十分的欣慰。

李时珍后来所著的《本草纲目》，是一部以药学为主的著作，但又融会许多医学理论和临床经验。他既用临床用药的经验充实本草，又善于将本草研究成果

←李氏医馆，位于湖北蕲州。

应用于临床，两者结合，相互参核，故在辨证治疗上达到了很高的水平。这些医学理论和临床经验是与他承继家学，苦读不辍分不开的。

在中医发展的历史长河中，医药往往是不可分割的。李时珍的实践，证实了这一点。

从小耳濡目染使得李时珍在背诵《三字经》的同时，一些草药的汤头歌他已经背得滚瓜烂熟了。每天，大家坐在一个餐桌上吃饭，大人们谈论的大多数话题就是治病救人，李时珍无形中就了解了许多医界杏林的历史。

李时珍的父亲一生十分敬慕元代名医朱丹溪，在他情绪好的时候，常断断续续地讲述这位医林圣手的故事，每次李时珍都听得津津有味。慢慢地，那些支离破碎的片段连成了一个完整的过程：

→朱丹溪像

朱丹溪生于元世祖忽必烈统一中原的时代，他自幼出生于农家，儿时丧父，母子相依为命，饱尝人间辛酸，及长拜理学家

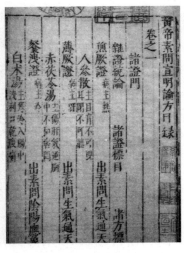

← 《黄帝内经·素问》书影

许谦为师，很快成为家乡一代名儒，学问渊博，人们都以为他会去应举，以求得高官厚禄。

然而，时运不济。朱丹溪20多岁时痛失爱妻，孩子患了严重的内伤，伯父精神混乱，叔父鼻孔出血，弟弟腿痛，都一一死于庸医之手。30岁时，慈母患病，他多方求治，众多医者束手，他急中生智，苦钻《素问》等医书，3年似有所得，便开始临证，治愈了母亲的病症。从此决心向医，遂一发不可收拾，斩关夺隘，屡屡治好疑症、难症、怪症，终于成为金元四大医家中最晚的一位，亦世称"滋阴派"医学派别的代表人物。

李时珍自幼景仰丹溪大夫，后来苦心钻研他的"滋阴降火"理论，颇有心得。于是，更增加了他以医济世，以医立身的雄心大志。

古代中医药的志徽——阴阳鱼

在古代，东西方的医药界有不同的志徽。中医药用阴阳鱼，欧洲一些国家则是用蟠曲灵蛇的神杖为帜。

阴阳鱼学名太极图，图案是黑白回互、中间以S曲线分割，两侧宛如两条颠倒的小鱼。太极图最外层圆圈为太极或无极，示意宇宙万物乃由元气化生并不断运动循环；圆内白鱼在左头向上为

→阴阳鱼

阳，黑鱼在右头在下为阴，阴阳鱼中又有小圈为鱼眼，展示阳中有阴、阴中有阳、左升右降；阴阳二鱼又以"S"形曲线为隔，寓示在负阴抱阳中，阴阳的平衡不是一刀切成的两半圆式的对称，也非天平式的平衡，而是变化的、此消彼长的阴阳匀衡。阴阳鱼太极图是阴阳学说理论的平面模式图，是中华民族智慧的表达。古代道家、丹家、医家乃至儒家都以太极图为志徽，因而镌刻在道观、丹服、经学图书和宋代以后孔庙的殿梁上。

中医药学以阴阳五行学说为理论基础，自然也就用了太极图为志徽，但在医药行业中多称之为阴阳鱼。在医药书籍上常印有太极图，而在中药铺门两侧的招幌上，则是在一串膏药、丸药或馨下面挂条鱼，既以鱼谐音愈（治愈），又左右两鱼合而为一太极。但鱼是不闭眼睛的，这又寓意医生和药商，要像鱼一样，昼夜不闭眼睛，随时行医投药以服务于病人。把阴阳鱼和医德观念联系起来作为医药的志徽，就更富有象征性了。

苦读不为考

到此悔读书，朝朝近浮名。
　　　　　　——孟郊

　　在古代，读书多为做官耀祖，李时珍却"三上公车不第"，苦读再不为考。

　　与李时珍祖父所做"铃医"，或称"走方医"相对的称"坐堂医"。铃医社会地位低下，常手摇铃串，游走于乡野村屯之间卖药治病。尽管身怀医术，但免不了受人冷落，自怨自艾。李家世居蕲州，四代行医，尚仅养家糊口而已。李家与当地一望族郝家往来密切，但富庶显赫均不及郝家。在明代，学医学不如学儒学。用今天的话说，学习医疗技术不如参政。祖父逝世前，曾望着幼小的李时珍，嘱咐儿子李言闻，一定让李家的后代弃医从儒，出人头地。

　　李言闻生有二男，长子名果珍，生平无可考。李时珍居次，自幼酷嗜读书。一日，他浏览父亲的图书，读到药王孙思邈的著作《备急千金要方》，孙思邈说：

　　"凡大医治病，必当安神定志，无欲无求，先发大慈恻隐之心，誓愿普救含灵之苦。若有疾厄来救者，不得问其贵贱贫富，长幼妍媸，怨亲善友，华夷智愚，普同一等，皆如至亲之想；亦不得瞻前顾后，自虑凶吉，护惜身命。"

　　李时珍读此文字，如获偈语一般，顿然醒悟。

　　孙思邈的大医精诚论，宛如西洋医圣希波克拉底誓言，点化了英姿青年李时珍的精神境界。李时珍想，儒家之学从不离开人来说话，其立脚点是人的立脚点，说来说去总还归结到人身上，不在其外。从医者亦救人于水火，两者不是相通吗？饱读诗书的李时珍又想起宋朝范仲淹的故事，范仲淹在不得志时曾经说过："不得为良

药王孙思邈

　　唐代著名医学家，著有《千金要方》《千金翼方》。

相，愿为良医。"李时珍少时就钦佩范仲淹那种如果不能当朝廷大臣施展才能宁愿当名医，为百姓解除病痛的高风亮节。从此，李时珍多次向父亲表明心志，要弃儒从医。为此，还曾赋诗铭志：

> 身如逆流船，心比铁石坚。
> 望父全儿志，至死不怕难。

父亲看见儿子学医的志向如此坚定，便答应他一边学医，一边研习四书五经等进一步科举。为了有一个良好的文化基础，李时珍投师当时著名理学家顾日岩兄弟二人。顾氏二兄弟弱冠举于乡，壮年成进士，两人皆为科甲冠顶，博学鸿儒，一代名流。二顾皆淡

泊于权势，而乐于儒学，退隐故里后，讲学于蕲州阳明书院和崇正书院。顾老先生严于律己，不苟言笑，治学认真，宽厚仁慈。使李时珍打下了坚实的哲学、文学、博物学等诸学科的基础。

经过"读书十年，足不出户庭"的苦学钻研，李时珍达到了"博学无所弗窥"的地步。他专心致志地做学问，发奋读书，无心于功名利禄。他重视医药学，这方面的书读得特别多，博闻强记，每每能不拘于旧说，凡事切实研究。这些良好的学习研究习惯，一直保持终身。仅《本草纲目》一书，引证医家之书361部（篇），其他自然科学、人文科学著作591部篇。

明天在召唤。现在正是蓄集力量的时候，李时珍深深知道这一点。他像一块干海绵吸水一样拼命地吸

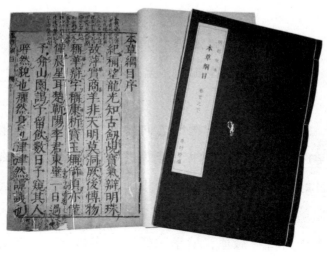

← 《本草纲目》书影

吮着知识。编修本草是他少年的“凌云志”，不能出现“书到用时方恨少”的情况。

后来，据李时珍儿子李建元在给明朝皇帝的“进本草纲目疏”中回忆，李时珍“耽嗜典籍，若啖蔗饴”，他对经典著作，诸如《内经》《伤寒》《金匮》等能够倒背如流。

要想编修新本草，还必须弄懂古籍中的医药问题。中国古籍汗牛充栋，其数量极其浩繁，这是量的方面的问题，另外，还有明代人要读懂前秦甚至更早的古文的训诂问题。许多古籍文献，多年沿袭，以讹传讹，必须梳理清楚。好多药书里讲的药物，用途并不完全可靠。比如，齐梁时代的名医陶弘景认为，巴豆是一种泻药，而李时珍的行医和研究表明，巴豆用量大，

→《黄帝内经》书影

固然会引起腹泻，但用量小时却能止泻。有一位医生给病人开有"防葵"的药方，一副吃下去，病人就死了。另一个医生给病人开了一种叫黄精的补药，结果也吃死人了。原来，古籍

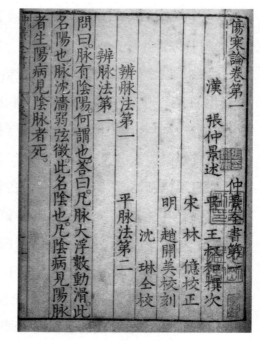

←《伤寒论》书影

本草中把"防葵"和"狼毒"、"黄精"和"钩吻"等同起来，而狼毒和钩吻都是毒药，误用怎么会不死人呢？

李时珍深知"本草一书，份量颇重"，人命攸关，安危所系。后来，他在编撰《本草纲目》时，不仅论及经典著作，还旁及其他各类丛书。举凡"子、史、经、传、声韵、农圃、医卜、星相、乐府诸家"，尽力评点，均为求真求实，稍有得处，辄著数言。李时珍遇到一点疑点，就茶饭无思，必得之确切答案才能释然。

李时珍苦读10年，史书中记载"十年不出户庭"，可谓孜孜不倦，堪称矻矻终日。所有这一切皆为了"决意继承父业，光大医学"。

我们需感谢武昌乡试不第李时珍，否则中国只会增加一吏，至多乃清官佳吏，而中国岂不少了一个伟大的科学家传世吗?!

李时珍举业败绩，彻悟之后，愤懑忧郁，立志奋发，积近40年心血，编修成伟大的药典。那情形正像太史公司马迁在《报任安书》中所说："古者富贵而名磨灭，不可胜记，唯倜傥非常之人称焉。盖文王拘而演周易，仲尼厄而作春秋，屈原放逐，乃赋离骚，左丘失明，厥有国语，孙子膑脚，兵法修列，不韦迁蜀，世传吕览，韩非囚秦，说难孤愤，诗三百篇，大抵贤圣发愤之所为作也。"李时珍亦如此矣。李时珍经常拿丹溪故事激励自己。朱丹溪认为一个人能精通一门技

艺，有益于人民，即使没有当官，也如同当官一样，造福济民于天下。

朱丹溪的恩师、大理学家许谦，是朱熹四传弟子，虽然学富五车、才高八斗，然而一病缠身，"非精于医者，不能以起之"。他的四肢关节疼长达十几年之久，然而，得福于弟子朱丹溪的新疗法，几副妙药下去，不久即治愈。

李时珍反复思考，人生的目的到底何在？什么技艺能比医世救人更高尚？什么东西能比人的生命弥足珍贵？什么技艺能妙手回春给予人们以健康和快乐？答案是，医学。

李时珍就这样激励自己苦读，再苦读。

朱丹溪陵园

相关链接
XIANGGUAN LIANJIE

《神农本草经》

《神农本草经》是我国乃至世界上现存最早的药物学专著，为我国早期临床用药经验的第一次系统总结，被誉为中药学经典著作。全书分3卷，载药365种（植物药252种，动物药67种，矿物药46种），分上、中、下3卷，文字简练古朴，成为中药理论精髓。

书中对每一味药的产地、性质、采集和主治病症都有详细记载。对各种药物怎样相互配合应用，以及简单的制剂，都做了概述。更可贵的是早在两千年前，我们的祖先通过大量的治疗实践，已经发现了许多特效药物，如麻黄可以治疗哮喘，大黄可以泻火，常山可以治疗疟疾等等。这些都已用现代科学分析的方法得到证实。

在我国古代，大部分药物是植物药，所以"本草"成了它们的代名词，这部书也以"本草经"命名。汉代托古之风盛行，人们尊古薄今，为了提高该书的地位，增强人们的信任感，它借用神农遍尝百草，发现药物这妇孺皆知的传说，将神农冠于书名之首，定名为《神农本草经》。俨然《内经》冠以黄帝一样，都是出于托名古代圣贤的意图。

《神农本草经》的作者及成书时代尚无实证加以确定，但它成书于东汉，并非出自一时一人之手，而是秦汉时期众多医学家总结、搜集、整理当时药物学经验成果的专著，此已经是医学史界比较公认的结论。

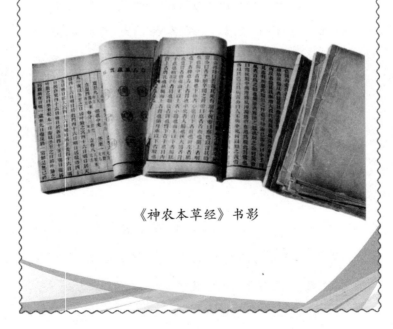

《神农本草经》书影

求真方敢疑《本草》

吾爱吾师，吾更爱真理。

——亚里士多德

使青年人发展批判的独立思考，对于有价值的教育是生命攸关的。

——爱因斯坦

少年时代，李时珍就听父亲说过，古代中国有一部专记药名、药性、药效的著作，通称《本草》。每当父亲谈及《本草》时，总是显出一副神情端肃板正的样子，不知道是《本草》这书名，还是父亲的表情，在李时珍的心灵中留下了难以磨灭的印象。那吐纳千医万药的本草神书，那庄严神圣的表情，激起了少年李时珍的好奇心。

少年的神圣仰慕终于渐渐地让位给理性的冷峻了。通过翻阅古代书籍，李时珍的思想逐步明晰了，眼前迷雾被逐层剥落了。

至迟在秦汉之际，中国药学已略具规模。到西汉时（公元前202年—公元8年）本草学已为医生的必修

学科。最早的药学专著当推《神农本草经》。原书成书于秦汉时期（约公元1世纪前），后来已散佚，又经历代医家学者考订、辑佚、整理而成。

梁代人称"山中宰相"的名医陶弘景，写成《神农本草经集注》七卷。

唐代高宗显庆四年，由李勣、苏敬等主持编纂成《唐本草》，这是中国第一部国家颁布的药典，比起公元1542年欧洲纽伦堡药典来，要早800余年。

唐宋以来，医家药师们纷纷编纂本草名目的书籍。但各家学说精芜不分，鱼龙混杂。

学医的人一般都要从读《本草》入门，但肯深入研究，刨根问底的人很少。李时珍却把这一类书读得

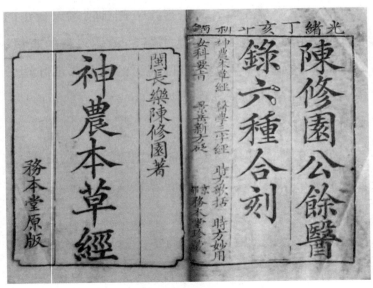

《神农本草经》书影

很透，他不仅读过汉代人编修的《本草》，而且晋、唐、宋人增修的各种《本草》，只要是能找到的，他都找来精读。年龄不大，李时珍已经成为《本草》迷，《本草》通。从各代《本草》中，他学到了很多前人记载保存下来的药学知识，通过行医实践使他又发现许多药物是《本草》药书上不曾记载的，还有些记载经李时珍反复验证，觉得不太可靠。

离李时珍家不远的地方，有个风光绮丽的雨湖，湖中出产各种鲜鱼，湖边不少人家就以打鱼为生。渔民们有病，常来找李家大夫诊治。

一天，李时珍正好到雨湖去，有个姓庞的渔民焦急地把李时珍请到家里。原来，老庞的妻子得了重病。李时珍见病人躺在破烂的棉絮里，几乎没有声息，但切脉后，觉得没有生命危险，便一面安慰老庞，一面

问他用过什么药。老庞回答说，昨天妻子感到不舒服，正好有个铃医走过，便请他开了张方子，不料服下药去，病势反而变得严重了。

李时珍取过方子看了几遍，认定没有开错什么药，心想为什么服下药后病势反而加重了呢？于是，又叫老庞把药渣子取来看。药罐取来后，李时珍对着方子，拨开药渣一味味地核对，忽然，他发现其中有味"虎掌"，方子上没有的；而方子上有的"漏篮子"，药渣里却没有。

看来，肯定是药铺里抓错了药。

李时珍对老庞说："这虎掌有大毒，怎么可以代替漏篮子呢。难怪服下去出了乱子！"老庞一听火冒三丈，李时珍制止说，其实这也不能全怪药铺老板。《本草》药书上说过，漏篮子又名虎掌，药铺老板以为两种药可以互用，幸亏发现得早，用些解毒药就好了。

明代使用的是北宋末年唐慎微主编的本草药书，其中就把"漏篮子"又称为"虎掌"。

这件事使李时珍久久难以忘怀。他对父亲说，自己要编写一部新的《本草》。父亲学识渊博，告诉李时珍，重修本草乃历来医家药师之夙愿，只是靠私人的力量是办不到的，许多旧"本草"，都是历代歌舞升平之时皇朝官家修成的。他劝李时珍打消这一念头。

历代皇朝编修《本草》，往往要天子发令，兴师动众，请当世名家高手编撰，耗时数年乃至几十年时间。

公元1537年，长江地区连降暴雨，蕲州发生大水灾，田地被洪水淹没，颗粒无收，广大民众饥寒交迫。水灾之后难免大疫，灾民大量死亡。封建统治阶级束手无策，一些本领不高的官医却摆起臭架子，没钱不

→明代民间画《除红消夏》

←中药汤剂饮片

给医病，任意糟蹋生灵。因此，穷困的病人都来找李家父子求医，李氏父子给药送诊，居心仁厚，远近求治者，日逾百人。在这种紧张的医疗实践中，李时珍辨证精确，见多识广，处方灵巧，治多良效，帮助父亲医好了一批又一批的病人。在临床过程中，李时珍一次又一次地受到了锻炼。这位年轻干练的医生，在病人的呻吟和死亡的哀痛中，深深体会到了医生责任的重大。这使他更加热爱自己的医疗工作，使他的神圣感和责任心更强了。

救荒济灾期间，蕲州本地一位自己懂得医道的绅士，从一本老《本草》上讲得含混的药名中误把草乌头当作川乌头，配了一副药自己吃，结果一命呜呼。这件事对李时珍震动极大，人命关天，本草有差错更

加糟糕，用药错要死人……

　　李时珍认为，消极等待官府重修本草是不行的。他在这位素受各界尊敬的绅士墓前，暗暗下定了决心，一定要编出一部全新的本草来。

　　当他把这一想法再次告之父亲时，父亲苦笑了一下，嘱他不要把事情看得太简单、太容易了。编修一部新《本草》，要把全国出产的药物都重新查访一遍，那要花很大很大的人力财力，你哪有那么大的力量！况且现今朝廷也根本没有修《本草》的意思，你就是竭尽一生的精力，恐怕也难以完成啊！

　　在人们的生活中，任何鼓励都会有两种方式，一是正确的引导，形式上的激励；另一是相反的批评、

制止和劝阻。前一种使鼓励者与行为者相互构成合力，助一帆之风；后一种对行为者的作用来自劝阻者的反作用，反作用力越大则作用力越大。

李言闻的劝阻恰恰激发了李时珍的前进动力。用药对症，医世救人。李时珍回忆起自己一次大病的经过。

李时珍从小体弱多病，20岁那年，患感冒咳嗽，因调理不好，转成骨蒸发热，体热如火燎，每日吐痰碗许，饮食睡眠很差，他自用柴胡、麦门冬、荆沥等清热化痰药治疗，不但无效，而且病益加剧，旁人都以为是死症。李言闻偶然想起金元四大家李东垣治此种肺热症曾用一剂黄芩汤，遂按方用药，次日李时珍身热尽退，痰嗽皆愈。

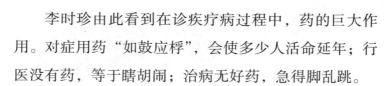

　　李时珍由此看到在诊疾疗病过程中，药的巨大作用。对症用药"如鼓应桴"，会使多少人活命延年；行医没有药，等于瞎胡闹；治病无好药，急得脚乱跳。

　　有个50多岁老翁，患下痢腹痛，生命垂危，家人束手无策，大家已为之备下棺材。后请李时珍治疗，他望闻问切，仔细诊断后认真思索片刻，忽然想起《雷公炮炙论》中说："心痛欲死，速觅延胡"。便用延胡索3钱，研制成粉末，以米汤汁调服，痛即减半，后经调理而安然无恙。家人万分感激李时珍，李时珍让他们感谢那部真正的医药典籍《雷公炮炙论》。

　　《雷公炮炙论》是中国最早的中药炮制学著作。据考证，为南北朝人雷敩编撰。该书专门记载药物的炮

制加工方法，列药制方，共收药300种。它总结了前人的制药经验，对中药炮制所涉及的净选、粉碎、干燥以及各种辅料的加工均有详细记载。后世许多制药书，常以"雷公"或"炮炙"命名，反映出人

们对该书的信仰崇敬。

雷公精于制药著书，不仅让医者药家明义辨理，而且造福后人。他使李时珍意识到生存的意义。从此，李时珍一方面行医，一方面着重攻读药学著作，梦想着有一天能够圆他的重修《本草》之梦。

← 康子馈药图

李时珍之成为中国药圣，不是仅限于访医问药，解决古书中的疑问，他还亲自动手，用实践来检验医药学中的一系列问题。公元15世纪是人类从蒙昧走向启蒙的过渡时代，其中作为时代过渡的标志，就是人们相当相信经验，相信实践检验理论的作用。

一般人认为中国知识分子具有一种历史性的传统，那种弊病就是"述而不作"或曰"君子动口不动手"。殊不知，早在中国文化形成早期的秦汉，儒家就倡导过"致知在格物，物格而后知至……"的观点，南宋时代，人们又形成了"格物——穷理——致知"的认识过程。历史长河流到元明时代，"致知格物"已发展出近代"考证、研究、实验"的意思。格物后知致也，李时珍深深相信这一点。

李时珍不仅亲自参与捕捉蕲蛇、穿山甲等动物，而且亲自解剖，纠正了古代人的许多错误认识。李时珍在家中栽培各种药草，他对药物栽培的选壤、整地、施肥、灌溉等，总是身体力行。

中药的炮炙是一门操作性极强的实践性工作。李时珍总结了许多历代老药工的经验，亲自进行中药炮制，改进了多种药物的炮制技术。比如，他对黄连提出了分别炮制的技术改进，形成了独具风格、疗效卓然的炮制方法，一直沿用至今。

李时珍还进行了大量具有近代化学意义的实验工作。他曾经炼制成许多种铅的化合物，如胡粉、黄丹、密陀僧、铅霜等。

用酒精作为制剂及载体用于制药与治病，是中西药

皆用的方法。李时珍在试验酒制剂方面，"阅历之广，搜罗之富"，空前绝后，仅收载药酒方就达69个之多。在试验中，李时珍注意定量分析的作用，他曾经专门考证古今度量衡，具有典型的标准度量衡的思想萌芽。他制定了"忽、丝、厘、累、分、铢、钱、两、镏、斤、镒、钧、石"的度量单位。李时珍的这一思想认识比欧洲18世纪度量衡思想早得多。

李时珍通过实验，提出草木药、滋补药制剂及治疗过程中忌铁器铜器的问题，制备散、丸"须用青石碾、石磨、石臼"。现代科学研究表明，上述金属器物产生的金属离子会影响药物制剂的药效。李时珍虽然没有能够从理论上得到满意的科学的解释，但作为一个问题提起人们注意，值得赞赏，具有实践意义。

借助实践，李时珍对金属元素的性质有了相当深刻的认识。在《本草纲目》的矿物学药物中，共分金、玉、石、卤石四类，其中金属部分的分类，是从化学稳定性最高的黄金开始，再逐渐按化学稳定性降次排列，从金属到化合物，由难溶物到可溶盐类，产生了化学物质稳定性周期变化萌芽。李时珍还从实践中悟出生物大多经历了"从贱至贵"和"从微至巨"的发展次序的认识，这种进化思想深受达尔文的赞誉。

明万历年代华丽精巧的药柜

相关链接
XIANGGUAN LIANJIE

《新修本草》

《新修本草》是在公元659年由唐代苏敬等20余人编写的我国政府颁行的第一部药典。

《新修本草》，简称《唐本草》，又名《英公本草》，唐显庆二年(657)苏敬奏请编修本草，唐政府乃诏苏敬等23人撰修，显庆四年(659)正月十七完成了全部编撰任务。

《新修本草》分为药解、图经、本草三部分，共54卷。《正文》即通称《新修本草》20卷，目录1卷；药图25卷，目录1卷；《图经》7卷。除序例外，以玉石、草木、兽禽、虫鱼、果菜、米谷等分类，共收集药品859种，对古书未载的内容加以补充，内容有误者，重加修订，具有较高的学术价值。《新修本草》不仅增加了药物的品种和数量，充实了民间药学知识，而且其所载药物的准确性和真实性是当时其他同类书籍无法比拟的。《新修本草》注意药物实际形态，当时曾下诏全国，征询各地药物形色，画成图形，另外还加有说明的图经。这也是历史上第一次以"图经"的方式撰写本草书。它以较多的药物考证和丰富的药学知识赢得了中外医药者的尊崇，并对后世药物学发展有深刻影响。

《新修本草》作为国家颁布的"药典"，很快就在全国范围内推行了，也成了医家必读的药物学版本，流传400余年，代表了中古时期中国中医药学发展的一个里程碑。

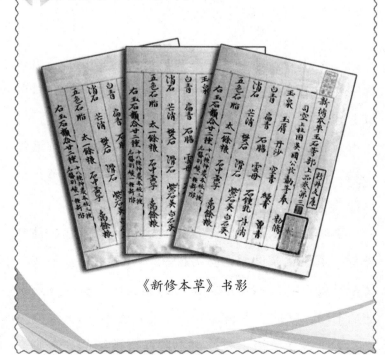

《新修本草》书影

不取亦取医病患

> 只要每个人都对关于大自然的知识有
> 所增益，积累起来就相当可观了。
>
> ——亚里士多德
>
> 我情愿变成一支两头点燃的蜡烛，照
> 耀人们前进。
>
> ——卢森堡

一晃20多年了，父亲终于同意饱读书卷的李时珍告别科举正式行医了。此时，父亲已从太医院吏目职位上辞官归家，在美丽的雨湖湖畔的玄妙观坐堂行医。在古代，正式行医可不同于一般弄个偏方、秘方治治小病，是一桩十分庄重的事。先要拜见医神岐黄，行三拜九叩大礼，方可"悬壶"，正式进入"杏林"。

李时珍即入杏林医界，先从识药认药做起，他和哥哥一道当父亲助手，按方配药，一丝不苟。不久替父亲抄处方，然后帮助父亲写医案病历，有时还送医送药上门，守护危重病人。一关过后还有一关。

父子授受医道，是丝毫不敢马虎敷衍的，否则会

砸了李氏医门的牌子。李时珍总是兢兢业业，钻劲巧劲干劲相结合。正如发明家爱迪生所言，"天才就是百分之一的灵感，百分之九十九的血汗。"李时珍用百分之九十九的血汗换来了巨大的收获。

李氏父子行医，堪称高风亮节，对于贫困的百姓他们总是尽自己的全力，而不收一文钱。李时珍父亲虽颇具医名，但生活十分俭朴，住着普通的庭院，穿着大布宽衣，吃着粗茶淡饭，或有豪姓大家请他治病，排筵设席，水陆珍馐交错于前，美婢俊仆排列于后，他却正襟默坐，精心诊病，清修苦节，不为所动。

抑或贫者求医，他见之甚为同情，常置个人吉凶于度外，不论寒暑，无管风雨，送医送药，"虽百里之远弗惮也"。

父亲的这些优秀闪光之点，在李时珍身上光大发扬，青出于蓝而胜于蓝。李时珍不贪图享受、言行举止，颇似其父。蕲州人称大小二李。并称赞他们："千里就药于门，立活不取值（报酬）"。

雨湖畔一乡邻气郁引致偏头疼，经久不愈，李时珍用蓖麻子同乳香、食盐捣烂敷贴痛处，一夜痛止，后逐渐调理痊愈。

又一妇人鼻子出血，一昼夜不止，诸医治疗无效。李时珍令病家捣烂蒜子敷足心，即日而愈。

有一次，在严寒冬天的夜里，有人来请李时珍出诊治病。他从温暖的被窝里，立即起身冲入刺骨的寒风。患者是个妇女，气喘得非常厉害，浑身浮肿。李时珍对病人诊察后，先用麻黄止住她的气喘，喘止了。再用茯苓、香薷等药，使其小便通畅。经过一天后浮肿逐渐消退，以后又给她诊治了几次，病竟治愈了。满脸菜色的病家用上好的稻米来答谢李时珍，李时珍坚决地拒绝了。

李时珍性情良善，为乡民们服务而不图虚名。给人治好疾病，多不取报酬。远在千百里外的人们，每每不

←李时珍采药

辞困苦，前来求诊问药。久之，医林妙手的名声传遍大江南北。下面几个医案，颇可说明问题：

一个官方人员，夏天饮酒达旦，结果连续腹泻不止，服用多种药物病情反而加剧，求诊于李时珍。李时珍诊断为，因内食生冷，茶水过杂，抑遏阳气在下，水盛土衰，遂以一剂"小续命汤"治疗，一服而愈。

有一位老妇人，60余岁，腹泻溏稀之物已长达5年，食油腻生冷食物时，腹内作痛难忍，辗转拜求名医，久治不愈，病情反而日渐沉重。孝顺的儿子，不惜力气从百里之外将老母送与李时珍诊治。李时珍辨证诊断后，巧用巴豆的止泻功能，第二日大便即恢复正常，又服用李氏制成的巴豆丸50粒后，老妇人百病

→ 药房

皆愈，后高寿。

通过医疗临床实践，李时珍对伤寒、温病、妇儿、针灸、五官、养生等诸科，均有造诣。不久，李时珍开始撰写自己的医案。因得益于雨湖水土的滋养，他将医案命名为《濒湖医案》。上边记载了李时珍苦学医疗之术，治病救人的心得经验和教训。

李时珍崇尚医德，不向百姓索酬，却取得了一系列宝贵的行医疗病经验。此所谓不取亦取。

其实，李时珍注重深入群众，"采访四方"，农民、渔夫、猎人、樵夫，既是他的朋友，又是他的老师。他向捕鱼人请教鸬鹚的生育方法和鱼狗子的穴居情况。他研究萍、苹、莼、荇的形态差别，农民们便把他们所知道的标本都采集来供他看。

有一次，他路过一家驿站，遇见一群车夫，正在采拾一种红色草花，便问："这是旋花啊，你们采它有什么用？"车夫们告诉李时珍，我们当驿差的长年奔波，歇不得力，夜以继日，没有一个筋骨不受伤的。我们有一个秘方，那就是拿此根煎汤，睡前服下，可治筋骨伤。李时珍马上将此记在随身带的小本子上。

许多"本草"书里提到过"芸苔"，但它究竟是一种什么药，人云亦云者多，却没有人去认真考究。

"芸苔"是味什么药？李时珍遍查本草及各家中医典籍，或疏忽，或回避，各药家的注疏均语焉不详。李时珍却不然，他不耻下问，勤于动手，他访问种菜人，仔细观察这种植物后，才知道它的俗名叫油菜，头一年下种，第二年开花，种子可以榨油。豹、狼、

虎、豹能否用来制药？李时珍向猎户求教。猎人告诉李时珍，虎血可以壮神强志；狼油可以止咳祛痰，涂抹患处可治恶疮。一位专治蛇伤的能手告诉李时珍说，各种各样的蛇，多到上百种，专门医治蛇毒的草药有80多种。李时珍

马上把这些经验和草药记录下来。有位药农带李时珍去挖茯苓，看到松树根上有弯弯曲曲、像丝一样的东西，就向下挖去，结果挖出一颗褐色的大茯苓。他告诉李时珍，这东西制成药，可以利尿……

李时珍一方面为人们医病，一方面拜民众为师，善于举一反三，不取亦取医病患，医艺飞速提高。有一次，一人小便不通，腹胀如鼓，疼痛难忍，李时珍依民间秘方，将"葱管吹盐入玉茎内，治小便不通及转脬危急"。该方法"极有捷效，余（即李时珍自称）常用治数人得验"。他还运用此法治愈了头痛。《本草纲目》卷二十六记载如下：

"凡人头目重闷疼痛，时珍每用葱管叶插入鼻内二

三寸并耳内，气通即便清爽也。"

上述两例病症种类不同，但发病机理相同，都属于"壅而不通"，不通则痛，李时珍医术神奇，借葱叶管之通气，缓解了症状，气通则诸病自愈。前者类似现代导尿术，后者相似于现代治疗鼻窦炎的通气术，李时珍在400年前就已对此得心应手，确实非凡。

在临床医疗上，李时诊还首创用冰外敷降温的治疗方法。冰在秦汉以前，是只供祭祀或夏日招待宾客之物，不入医用。唐代孙思邈开始使用冰块治疗外伤——"灭瘢痕"。后来，用冰主要是内服解暑除烦热，外用缓解局部疮肿。李时珍把冰扩展到急性高热病高烧神志昏迷阶段的治疗，为后世医学家所重视。每遇瘟疫流行，冰即供不应求，价增数倍，这是因为李时珍以后的温热学派的医家特别推崇冰的疗效，纷纷用冰化解高烧高热。据《温热经纬》一书记载："乾隆甲子五六月间（公元1744年），京都大疫，冰至五百文一斤"。

古代没有电冰箱之类器物，只能将冰窖藏深洞处，所以夏天用冰特别贵重，李时珍又发明用凉水、井底泥等物代替，至今民间尤尚用不衰。他还发明"桃叶蒸卧"法，治疗外感高热，以及"李叶、枣叶、楮叶、楝实、羊桃、秦皮、梓皮"选择一种煎浴，以求透汗而解除病症，这种用中药煎浴治病法，今天仍然流行。

通过医疗临床实践，李时珍学到了很多知识。《本草纲目》卷三十八记载："天行瘟疫，取初病人衣服，于甑上蒸过，则一家不染"。这是预防医学的先例，这段文字记载，乃我国医学史上"蒸汽消毒法"的最早文献，具有重大的史料价值。

←蕉阴结夏图（明·仇英）

相关链接
XIANGGUAN LIANJIE

《证类本草》

　　《证类本草》是北宋药物学集大成之著。全称《经史证类备急本草》，31卷60余万言。在广泛的文献辑录基础上，收药1748种。许多已散失的医方赖其得以留存。北宋唐慎微约撰于元丰五年(1082)前后。唐慎微字审元，蜀州晋原（今四川崇庆）人，后迁居成都行医，医术高明。他为士人治病，不要报酬，只求给他提供医药资料。《证类本草》中广博的资料就是用这种方法征集到的。

　　《证类本草》是他以《嘉本草》和《本草图经》为基础，参阅了《新修本草》《本草拾遗》等专著，总结北宋以前历代药物学成就，其内容非常丰富，载药1558种，

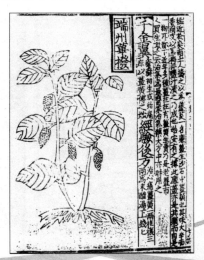

新增药物达476种，如灵砂、桑牛等皆为首次载入。查阅时有按图索骥之便。在药物主治等方面，详加阐述与考证，每药还附以制法，为后世提供了药物炮炙资料。该书具有很高的文献价值，唐氏选辑书目达200余种，除医药著作外，还辑录了"经史外传""佛书道藏"等书中有关医药方面的资料。在辑录古代文献时，忠实于原貌，以采录原文为主。对研究六朝、隋唐、五代的药物和方剂学，对辑佚和整理古典医籍，提供了宝贵资料。

全书载古今单方验方3000余首，方论1000余首，为后世保存了丰富的民间方药经验。

楚王亲求贤

机遇只垂青那些懂得怎样追求她的人。

——尼科尔

记得唐代大诗人王勃在《滕王阁序》中，曾经赞美其所在地形胜状："豫章故郡，洪都新府；星分翼轸，地接衡庐。襟三江而带五湖，控蛮荆而引瓯越。物华天宝，龙光射牛斗之墟；人杰地灵，徐孺下陈蕃之榻。雄州雾列，俊采星驰"。诗人赞美的是游览胜地南昌。南昌距武昌不远，距李时珍家乡蕲州更是一衣带水。其实，蕲州这里亦足以让飘逸风流的诗人倾倒。

李时珍生于斯长于斯的蕲州，历史悠久，向有盛名，历代都是州郡治所，是政治、经济、文化中心。远在春秋战国时期，这里曾是蕲国的都城。秦并六国后，改名为南郡；三国时属吴国蕲春郡，至北周（约公元6世纪）才首次定名为蕲州。后经唐宋600余年，仍沿用其名。明代洪武元年改州为府，后又从府治改为州治统领5县。

蕲州位居湖北、河南、安徽、江西四省之间。据《蕲州志》载，其"左控匡庐，右接洞庭，为诸省要会，水陆往来必由之冲。"该地境内岗峦起伏，陂泽纵横，山水相依，风景优美，自古就有"白云之胜"的赞誉。明代皇帝的宗室荆王，特由外地迁到蕲州，在此地开藩建府，修建学宫、书院，管辖鄂、豫、皖、赣数十城及蕲州卫，100多年来成为长江中游的政治、军事、经济、文化的中心。

李时珍就是在这样的一个城市的郊区行医施药。随着前来求诊的人一天天增多，李时珍的声望更一天天大起来。30多岁时便成为蕲州著名的医生。

嘉靖三十年（公元1551年），家住蕲州的明朝富顺王朱厚焜，因宠爱庶子（妾生子）欲废嫡子（妻生子）。一次嫡子有重病久治不愈，富顺王只好派人请李时珍诊治。李时珍以"附子和气汤"一副药治愈，同时寓意"父子和气，万事安康"，使富顺王感

李时珍铜像

悟，遂立嫡子为继承人。在封建社会，废嫡立庶，废长立幼是继承父业的大忌，也被认为是有违大道的事。李时珍巧妙地加以劝阻，人们称为贤德仁义。驻在武昌的楚王朱应燧听说此事，赞其贤德，将李时珍召为楚王府"奉祠正"（官名），并兼管良医（良医为明代王府贵族的侍医）所事务。

　　皇帝宗亲封藩之王礼聘一个乡医，曾经在蕲州轰动一时。据说，楚王朱应燧亲自求贤于瓦硝坝，礼仪豪奢，令人叹止。

　　李时珍进驻王府，阅读了许多以前从未见过的医书药典，眼界大开，医术百尺竿头更进一步。楚王有一王子朱华奎，患气厥病，经常发作，许多

"良医"只好干瞪眼白着急，不知挨了楚王多少骂。李时珍一到王府，大家都把希望寄托于李良医身上。

李时珍不负众望，妙手回春医好小王子的病，王妃感激不尽，馈赠李时珍许多金银财物，他坚辞不受，颇得府内上下的好感。王公贵族们纷纷延请李良医诊病。

富顺王朱厚焜膝下有一爱孙，从小宠爱无比，视为掌上明珠。但是，这个小淘气就喜欢抓吃灯花，一旦闻到灯油燃亮时的气味就大哭索要，还爱吃生米，甚至吃泥土，许多医生无法理解，束手无策。李时珍得知后，前往诊视，他根据前人的经验和自身实践，

仔细观察诊断后，用百部、使君子、鹤虱、槟榔等杀虫治癣之药，研成粉末，制成丸粒，让小王孙每天服20粒，一副药下去就痊愈了。

李时珍医术高明在王府中盛传。一传十，十传百，求诊者日盛一日。有一次，王府来了一位皇家宗室的老夫人，年已60多岁。一直苦于肠结病，长期便秘，旬日一行，其痛苦之状仿佛比女人生孩子还难。皇家宗室访医问药不计其数，如此30多年。慕李时珍高名而远来。李时珍对老夫人进行了观察，发现她体肥身胖，性情忧郁，每日吐痰一小碗还多，表现出极多的"火症"迹象。于是，李时珍对症下药，乃用牵牛皂荚制成丸剂，使她服之通便，再用药及精神疗法使她精神爽朗，最后使她气顺痰祛，健康如初。

李时珍熟读古书

→湖天春色图（明·吴历）

又不拘泥于古人之言，他善于因人而异，因地因时制
宜，从不头痛医头、脚痛医脚，所以才药到病除，被
人誉为神医。

李时珍的名气越大，他接触的病例越多，就越显
示出本草药学的重要性。有一天，荆穆王妃胡氏，前
来求诊。李时珍请她述说得病的经过。

原来，尊贵的王妃在吃荞麦食品时，惹到不愉快
的事情而发怒。食后，就感到胃部疼痛难忍，请来侍
医诊治，医生开出了行气化瘀的药方，但一吃汤药马
上呕吐出来，延迟了3天，大便也不通了。李时珍看
到心痛欲死的王妃，马上想到延胡索，这种药他已经
多次使用，疗效颇佳。

→漉洒图（明·丁云鹏）

他将延胡索3钱研成末，用温酒调成汁让王妃服下，少顷，王妃大便通而胃疼心痛均消失了……

嘉靖三十四年（公元1555年），明朝皇帝因过多服食丹药，身体每况愈下，遂下令整顿太医院。

楚王府征询李时珍的意向。李时珍是不愿意离开家乡而北上的。

他回忆起楚王礼贤下士聘请他的情形，十分感动。关于明代王侯如何礼贤下士，我们知道得很少。清朝文学大家袁枚的书曾记述过古人征召贤士、长者时的情形。后人称之"蒲轮之礼"。那就是，人们为了表示对贤士长者的尊敬，用蒲草裹住车轮，使车子不致于太震动，诚惶诚恐地害怕委屈了贤士长者。

李时珍是否也是楚王以"蒲轮之礼"迎入王府的，我们不得而知。在古时，君子士人都有"士为知己者死"的侠气。但是，毕竟王命大于侠气。

后来，皇帝"龙颜"不悦，于嘉靖三十五（公元1556年），诏令各地推荐名医，以补充京城太医院的缺额。据说，明朝皇帝通过皇族成员的口信也略知李时珍的情况，才下令"荐医"的。楚王害怕王子气厥病重犯，舍不得李时珍走，但是君主之命不可违，只好推荐李时珍上北京太医院，充任"太医院判"职务。

太医院里的太医们像嘉靖皇帝一样崇信"灵丹妙药"。皇帝不理朝政，妄想成仙，整天和一些方士鬼混，在宫中设立神坛和炼丹所，梦想炼成"不死之药"。上行下效，太医中的一些人排挤刚直不阿、身怀绝技的李时珍，他简直忍受不了卑躬屈膝的耻辱。

←道家炼丹图（清·任颐）

科学家卷

　　李时珍是极端矛盾的。太医院是全国的最高医学府，名医荟萃，有很多难寻的珍善本藏书，李时珍来到北京之后，读到了不少珍稀医书，摘录了大量的资料，看到了许多南国楚地看不到的和外国进贡送来的珍稀药材，同时他还希望有朝一日说服朝廷采纳他重修《本草》的计划。

　　李时珍深知，重修《本草》是一项浩大而艰巨的工程，个人力量很难办到。开始时，他将希望寄托在官府上。可是他几次向太医院的大头头建议，都遭到了拒绝，竟说他是"擅动古人经典，狂妄已极"。李时珍在强权面前没有屈服，他勇敢地驳斥了太医院头头对他的诬蔑。但是，顽固不化的朝廷还是不同意重修《本草》。

在这种情况下，李时珍第二年就托病辞职，离开了太医院，又回到他的家乡。太医院的工作并非李时珍所愿，他感到这不过是一时的荣幸，而日夕为皇朝服务，难以达到济世救人之目的。不过，他利用在太医院工作期间的便利条件，阅览了大量原籍，摘录了不少珍贵医学资料，为后来的著书立说打下了坚实的基础。"御药库"里各地朝贡和国外进口的名贵药材，丰富了李时珍的药学知识。

一年多的太医院生活，仿佛使李时珍工作之后，再一次进学校里研读学位一样，他更加成熟，更加有力量了。

古人说，登东山而小鲁，登泰山而小天下。

李时珍在太医院之前，已行医十数年，广集行医经验，又极为注重整理，早就积累了数以千计的病历医案，这是实践积累阶段。来到太医院之时，他苦读皇家医书，理论上进了一大步，结合自己的行医实践，许多问题迎刃而解。

告别太医院以后，李时珍再度沉入实践的大海，一边实践一边总结，一步一个脚印地走向本草学的圣殿。

相关链接
XIANGGUAN LIANJIE

我国最大的一部方书——《普济方》

中医开方子，早在我国商代就已经有了。后来在《内经》中列有13张方子。汉代张仲景写的《伤寒论》，方子达到113张，《金匮要略》载方262张，晋代葛洪的《肘后备急方》载方101首，唐代孙思邈的《备急千金要方》载方5300首，《千金翼方》载方2900余首，唐代王焘的《外台秘要》载方6000余首，宋代的《太平圣惠方》载方16834首，元代宫廷中药局的成方配本《御药院方》载方1061首，明代的《奇效良方》载方7000余首，清代的《医方集解》载方700余首。但我国最大的方书却是明代的《普济方》，它载方竟达61739首。

公元1406年刊出的《普济方》是我国现存最大的一部方书。该书在朱橚的主持下，由滕硕、刘醇等编辑，它广泛辑集明以前医籍，并兼收其他传记、杂说、道藏、佛书等有关资料而编成。是集15世纪以前方书集大成。该书原168卷，收入《四库全书》时，改编为426卷。

据统计，全书"凡1960论，2175类，778法，61739方，239图"，共700多万字。其中包括有总论、脏腑身形、伤寒杂病、外科、妇科、儿科、针灸及本草等，共100余门。收录治疗各类疾病的方法，不仅包括丸、散、膏、丹、酒、露和汤剂，还有罨敷、按摩、气功等，其所列症证均有论有方，资料丰富，对于医学研究和临床参考均有很重要的价值。

《普济方》书影

养病著书莳所馆

我欲尽力之所能，消除人间一切疑难病症。

——科赫

凡大医治病，必当安神定志，无欲无求，先发大慈恻隐之心，誓愿普救生灵之苦。

——孙思邈

蕲州不但地理环境异常优越，而且又以丰饶的物产名甲天下。它以盛产棉麻、药材著称。有名的蕲蛇、蕲艾、蕲龟、蕲竹，都是名闻四方的当地特产。李时珍时代，蕲州因交通便利，商旅往来不绝如缕，一直是长江中游地区药材买卖的集散地和贸易中心。

托病归乡的李时珍在雨湖南畔筑室，佯称"养病"，实则编修本草。李时珍毕生献身于中医药学事业，不营私利，不阿权贵，鄙视荣华，乐守林泉，清廉纯正。为了表达他鄙视名利、一心为民的意愿，他取《诗经》中"考槃在阿，硕人之莳"的硕人君子隐居穷处之意，在自己门前题了"莳所馆"三个大字，以明其志，时刻激励自己。

　　广收博采的李时珍是该歇一下脚、整理一下他的积累了。

　　太医南归，自然引起长江中游一带的轰动。求医问药者摩肩接踵，络绎不绝，李时珍无奈只好招收几名徒弟。其中两名得意门生，一为庞鹿门（庞宪），一为瞿九思，鹿门为蕲州人，九思为黄梅人。一般的疾病由门生弟子接诊医治，重大疑难李时珍方出马诊治。

　　时间宽松之时，李时珍周游各地，穷搜博采，将全部精力投入编修本草的工作中去。

　　历代本草知识，大都存在一些疑惑错讹，本草学家在整理本草时，总要进行订正。诸如陶氏的《本草经集注》、唐代的《新修本草》、宋代的《开宝本草》、

古代炼丹流程图

《嘉祐本草》以及《图经本草》等药书，均有关于辨疑订误的说明。但历代诸家中最有成就者，莫过于李时珍。他"苦志辨疑订误，留心纂述诸书"，对前人本草存在的问题，认真考辨，严加订正。

首先是批邪斥妄、破除迷信。医家多为唯物论无神论者，李时珍亦如是。历史上神奇鬼怪，不独方士。巫卜异求，自古有之，装神弄鬼，云谲波诡，加之志怪神话的渲染，愚人昧士的盲从，无奇不有，非止一端，捕风捉影，以讹传讹。整理本草的药物学家失察时，更转相记载，子虚乌有，玄之又玄，积重难返，愈失愈远。

一些本草药书上所记载"轻身益气，不老延年"

的许多金石药物，如水银、朱砂、雄黄、朴硝、灵芝等，均遭李时珍批判。李时珍对于葛洪的《抱朴子》的神仙方药更是大声疾呼道："葛洪误世之罪，通乎天下。"

李时珍结合自己的亲历实践，力辟讹传怪论，对于医学中的一些不正确的甚至荒唐野蛮的说法，予以批驳。

李时珍最初为自己的本草著作取名《本草纲目》，加上"纲目"两字，就是为了把已有的本草图书加以新的归类，使它们纲目清楚，查阅方便，起到举一反三，纲举目张的作用。

中国本草学传统的药物分类法，大体按药物的效能、功用大小分为"上、中、下"三品，分类简单，不便于研习掌握，且容易混淆。李时珍决心创造出一种全新的、简洁易记的分类方法，以推动本草学的发展。

李时珍不知道，此时他正走在世界生物学研究的前沿，他所创造性地使用的植物分类法比西方林奈的分类法要早150多年。

为了尝试编修本草药书，李时珍受父亲的《蕲艾传》启迪，决心从身边之事做起，首先编著《蕲蛇传》试笔。

蕲州之野产异蛇，土人名为白花蛇，医家皆言白花蛇能治风痹、惊搐、癣癞等多种疾病，但李时珍从未见过活蛇，对它的效能和使用，当然更不是很清楚。为此，青年时代的李时珍曾特地去问收购这种蛇的药贩子，并在药贩子那里仔细观察了白花蛇。当时，他以为自己弄懂了蕲州白花蛇。后来，有人告诉李时珍，真正的白花蛇是很难捕到的，所以药贩子的并非真货；要看真的白花蛇，得上产地龙峰山去寻。这种蛇有剧毒，手脚要是被它咬破，必须马上截去，否则就会丧命，很少有人敢拼死命而捕白花蛇。

听着质朴的"草泽医"的讲述，李时珍不禁心中旌动起来。他的耳畔响起了唐代文学家柳宗元的《捕蛇者说》："永州之野产异蛇，黑质而白章，触草木尽死，以啮人，无御之者。然得而腊之以为饵，可以已大风、挛踠、瘘、疬，去死肌，杀三虫。其始，太医以王命聚之，岁赋其二。募有能捕之者，当其租入，永之人争奔走焉……"

李时珍感到自己根本不懂蕲蛇。旧书中虽然对药草有解释，但插图少，语句含糊，看不出眉目，如果这样以错就错地撰文编著，岂不贻害后人吗？

←枯林孤棹图（明·袁尚统）

白花蛇

　　随着编修本草工作的开展，碰到的类似困难越来越多，李时珍心情非常烦乱。父亲的提示拨开了李时珍心中的雾障。

　　对，读万卷书，行万里路。长风破浪会有时，直挂云帆济沧海。到民众中去，到生活中去，到大自然中去。对天地问难，向山川求知。

　　为了亲眼看到白花蛇，李时珍带着干粮，独自一人上了龙峰山。蕲州城北有一座龙峰山，山上茂林修竹，草木葱茏，产黑质白花蛇，"其走如飞，牙利而毒"，是贵重的药物。蕲州药贩子卖的"蕲蛇"多是从江南兴国州山里捕来的代用品。李时珍几次跟着捕蛇人爬上龙峰山。一次，他们发现了山上的狻猊洞，周围怪石突兀，灌木丛生，夹杂着许多野

草，最多的是石楠藤。在紫红色的细藤上，长满了蕲蛇喜欢吃的深绿色小圆叶。果然，一条蕲蛇爬到洞口，吞食旁边的石楠藤，捕蛇人趁机捉住了它。这种蕲蛇肋下，有24个斜方格子的花纹。捕蛇人带回家后把蛇破腹去肠，洗涤干净，截头去尾，屈曲盘起，扎缚烘干，即为蕲蛇。李时珍在旁边看得一清二楚。

一般学子到此就大书特书了。李时珍不甘心，他是为治病救人，不是为采风而来。那么怎样能把一般的白花蛇与蕲蛇区分开呢？在格物穷理意识的指导下，为了真正了解蕲蛇，辨察真伪，李时珍多次登龙峰山实地观察，并赴江南兴国州考察，写出了真实记录情况的《蕲蛇传》。书中栩栩如生地描绘出了蕲蛇的形态特征，指出了辨察真伪的要点："蛇死目皆闭，唯蕲州花蛇目开"（见《本草纲目》卷四十三·白花蛇条）。若非实物实地考察，岂能有如此真知灼见。

通过研究蕲蛇的格物实践，使李时珍深深感到，编修本草的人如果不深入实地考察药物的药性，将一事无成。

"故医者贵在格物也"。（《本草纲目》语）

李时珍与《奇经八脉考》

李时珍对针灸的学术贡献主要体现在撰著了《奇经八脉考》一书。

《奇经八脉考》集前人对奇经八脉的有关论述，详加考证，对每条奇经的循行和主治病症予以总结和阐述，旁征博引，丰富了奇经八脉理论，补充了经络学说。该书一反以往著作多以督、任二脉作为奇经八脉的纲领之说，而将阴维脉、阳维脉作为八脉之纲。《奇经八脉考》在考证所载腧穴时，能详加订正或删其重复，另外还补充了一些腧穴。如滑寿在《十四经发挥》中共载奇经八脉穴141个，《奇经八脉考》经过认真考订和增删后达到158穴。《奇经八脉考》的另一特点在于末尾的释音部分，对人体解剖名称、疾病及症状名称等做了详细的解释，为初学者提供了较大的学习便利。

物致知游神州

读万卷书，行万里路。

——古训

搜尽奇峰打草稿。

——石涛

为了探究药物性能的真谛，为了编修造福后人的新本草药典，李时珍采访四方，足迹踏遍湖北、湖南、广东、广西、河北、河南、江西、安徽、福建、江苏等省的山林河海。在交通闭塞的古代，李时珍行万里路，采万种药，的确难能可贵，堪称后世师表。

嘉靖三十四年（公元1556年），李时珍北行赴京城担任太医院判的职务时，一路上就观察天地山水树木虫鱼鸟兽，记载了满满几大本子的资料。在北京时，他经常走出禁苑，访医问药于民间，有时出西直门访元君祠，与高人逸士谈阴阳相生相克，有时登石景山观浑河，问农民耕人草木之事，有时入南苑探鹿囿，有时深入平民家询问他们怎样用暖窖子保藏韭黄，同时又替他们诊治疾病。回乡途中，他沿着涿县、安阳、徐州，游历北方山野，了解北俗及医方秘籍等。

回到家乡，李时珍脱下锦衣，穿上草鞋，背起篓，拿着药锄，带着儿子李建元和学生庞宪，走出家门，调查研究。他们首先搜寻了蕲州一带的原野和山谷，熟悉了家乡故土的药物资源状况，随后又在湖广各地做了一次短距离的旅行。马口湖、沿市湖、赤东湖、缺齿山、丫头山、紫云洞、朱家洞等地都留下了药圣师徒父子的足迹。

这次近距离练兵式的访察，收获颇丰，其中最重要的是李时珍发现了以往"本草"从未记载的曼陀罗花。一次，李时珍在山间野谷看到很多曼陀罗花，就去请教山上打柴的樵夫。樵夫告诉他，曼陀罗花的籽

用酒吞服会使人知觉迟钝。李时珍采集了大量的曼陀罗花的标本，经过研究试验，发现曼陀罗花有麻醉作用。以后他把这一重大发现写入《本草纲目》。书中写道：8月间将曼陀罗花阴干碾末，用热酒给病人调服，一会儿便昏昏如醉，然后施行艾灸，或外科手术，病人就不会感到痛苦。

李时珍的旅行调研，从1565年以后，愈益频繁。规模较大的一次是访问均州太和山。李时珍曾听人说，太和山不但有许多胜景灵迹，而且满山林木翠苍，几百年未经樵采。李时珍想，这一定是一个药材资源丰富的宝库。1565年，患有肠胃病年近50的李时珍未等疾病痊愈就上路了。

当时，太和山里不仅有虎豹豺狼，而且还有一个道士当道，占山为王，情况十分危急。李时珍带着学生庞宪从蕲州出发，途经汉阳，取道襄河北上，一路上夜宿昼行，访药农问樵夫。到达均州时李时珍已经筋疲力竭了，只好安顿在村店里休养。可是，当从村店的窗口看到远远的像青蝶一样展翅来迎的太和山影时，李时珍所有的病痛都忘得干干净净，又兴奋起来，第二天就支撑着羸弱的身体进山了……

李时珍为了编修出最好的本草药典，他白天在深山草莽中采药，晚上在简陋的住处研究草药，整理笔

记。夏天，蚊虫叮咬，遍体红肿；冬天呵气成霜，有时连墨水都冻住。李时珍每到一处，总要打听那里有无药医同道，有没有种药的和卖药的；在找到他们后，又提出各种问题来请教。不论什么，只要觉得异样，他必然仔细观察，一定要弄个水落石出。

古均州就是今天湖北省均县，太和山就是今天天下驰名的武当山。武当山位于丹江口西南，峰奇谷险，洞室幽邃，景色绮丽。主峰天柱峰海拔1612米。站在天柱峰向南眺望，越房县治所，就是神农架。神农架林区，方圆3000多平方公里群山中，超过3000米的高峰有6座。大巴山东段主峰大神农架海拔3053米。由于山高林密，偏远荒僻，至今保存着大片原始森林。

　　武当山峰险洞深，峭壁隐现于茂林之中，石洞迷藏于奇花异草之畔。红日闪现于山麓之上，转眼就坠下，天空流云纷飞，须臾即雨落，真是中国一个天然的生物种源宝库。

　　神农架更是山高林密，崖壑纵横，泉瀑交流，云遮雾锁，主峰高耸入云，两旁峰岭相接，岩洞交错，万丈深潭，千尺涧水溪流，景色万千，相传是神农氏遍尝百草的地方。

　　在太和山察访时，有一次李时珍听说，西边巨龙宫的北面山头上，长着一种叫作榔梅的植物。这是一种果子，人吃了可以长寿不老。为了弄清真相，他特地跋涉几十里山路前去采集。山上人知道他要去采榔梅，慌忙对他说："这是被朝廷列为贡品的仙果，谁去私采，官府知道是要问罪的！你可千万不能去采

啊！"李时珍身为太医院判，深知其中奥秘。知道这是当地道士为了向皇帝献媚，说榔梅是"仙果"，吃了可以"长生不死"。不久，官府知道了，果来阻止，李时珍有些踌躇，但强烈的求知欲促使他非要弄清真相不可。白天采会惹来麻烦，他决定深夜上山，终于如愿以偿，采到了几颗榔梅。经过后来的验证，榔梅不过可以生津止渴，并不是什么"仙果"。

在旧社会，医生终生行医，悬壶天下，广采博收，方得一二秘传单方，一般是秘不示人的。李时珍虔敬精诚，金石为开，不少"铃医""走方医"和"草泽医"为李时珍精神所感动，向他提供秘方验方。《本草纲目》一书，共附药方11096个，比旧时本草附方数增加4倍。

李时珍行程已近万里，途中尚且广施善术，医病救人。据江南茅山民间传说，李时珍登茅山时路遇一

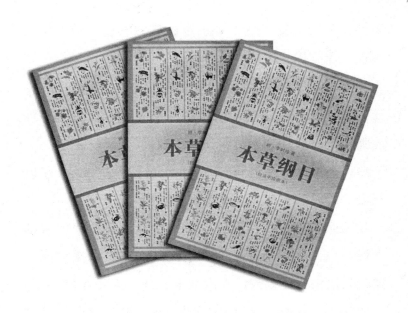

　　队送葬乡人，棺椁经过时，心细的他发现了一丝血迹，于是令众人停下，得知死者系一孕妇，日前因难产而死亡，李时珍一听，大呼"有救，有救"，忙让人撬开棺材，发现其人尚有一丝气息，结果救得母子二人。

　　又有一次，李时珍想起陶弘景在引证《名医别录》书中说过，湖广一带河边有一种可以入药的动物，名叫穿山甲，喜食蚂蚁。穿山甲，为鳞鲤科动物的鳞甲类，性味咸凉，能够消肿溃痈，搜风活络，通风下乳，外用止血。这些药学界及一般医生都耳熟能详。但是，穿山甲是否喜食蚂蚁，一般人就说不清楚了。为了澄清事实，李时珍到湖南、安徽等地的河边去观察它的

习性，还特地捉了几只穿山甲，剖开它们的胃，果然发现里面有许多蚂蚁。

本草药书上说，穿山甲主产广东、广西、湖南、云贵、浙江、福建等。南北的穿山甲是否食性都是如此呢？李时珍尽力通过察访一一证实。

他还接受了民谚："穿山甲、王不留，妇人食了乳长流"的说法并写入《本草纲目》。

陶弘景先生在《名医别录》中说：穿山甲能水陆两栖，白天到岸上把鳞张开引蚂蚁爬来，引来后闭上鳞跳入水中，让蚂蚁浮在水面上，然后逐一吞掉。

秀才一动嘴，太医跑断腿。李时珍原来解剖的穿山甲，都不是在吃食时捉的。它们是怎样吃蚂蚁的？

五爪风

毛叶石楠

李时珍不知花费了多少个日日夜夜，蹲在穿山甲出没的地方，进行其生态活动的调查，最后证实这种食蚁动物，并非像陶公说的那样食蚁，而是用尖嘴搔开蚁穴舔食蚁类的，纠正了前书的错误。李时珍非常重视调查研究，着重第一手资料，使他的著作具有前所未有的科学性。关于李时珍的博物学及生物学的成就，生物学巨人达尔文的话可以作为评语，他称赞《本草纲目》为"中国古代的百科全书"。

李时珍对于生物的认识是领先于时代的。他对生物进化的认识，比19世纪的英国达尔文的进化论，早3个世纪！

李时珍在旅途中，还十分注意收集各地的信息。一天，他们在长江的一个镇上听说，南京正在举行三

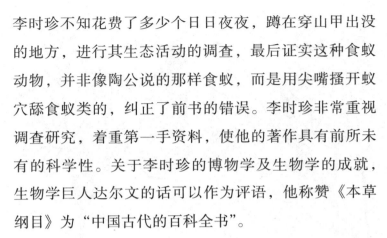

蜈蚣藤

亮叶冬青

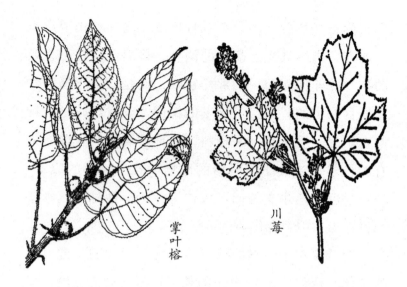

掌叶榕

川莓

皇会（传统的药物交换集市）。

南京原为明朝京都，后来明朝为了加强北方靖边而迁都北京。南京药王庙的三皇会在元明时期是很有名的，全国各地的药材商人，都把本地出产的药材带到各地出售，同时也购回各地的药材，就如同开赛珍大会似的。李时珍听到这一消息，喜出望外，连忙买舟赶往南京，一下船直奔药王庙。

等三皇会结束，他们满载而归，一切能够变卖的东西都换成药材带回来了。

相关链接

XIANGGUAN LIANJIE

《本草纲目拾遗》

《本草纲目拾遗》成书于乾隆三十年（1765），又经过三十多年的增订工作，使之更完备。初刊于同治三年（1864）。本书是清代杰出的药物学家赵学敏在《本草纲目》刊行100余年之后编著的，其目的是拾《本草纲目》之遗,实际是李时珍《本草纲目》的续篇。全书10卷，按水、火、土、金、石、草、木、藤、花、果、谷、蔬、器用、禽、兽、鳞、介、虫分类，引经据典（涉及的文献多

李时珍采药图

达600余种），对《本草纲目》的药物加以补充和订正，共收载药品921种。增录了药物716种，绝大部分是民间药，如冬虫夏草、鸦胆子、太子参等，约有511种,还有一些外来药品，如金鸡纳（奎林）、日精油、香草、臭草等,内容十分丰富，为中医药学增添了大量的用药新素材。还在书首列"正误"一篇，纠正《本草纲目》中的误记和疏漏达数十条。而且赵学敏对于《本草纲目》中分类不恰当的都加以订正本书体例与《纲目》类似，除未列入部外，另加藤、花两类，并把"金石"部分为两部。《本草纲目拾遗》所引据的医药书达282家，引据的经史百家书目也达343家，包括当时罕见的钞本和珍秘本。如汪连仕的《采药书》，李草秘《海药秘录》《百草镜》，王安卿《采药志》等。《本草纲目拾遗》对研究《本草纲目》和明代以来药物学的发展，是一部十分重要的参考书。本书是继李时珍《本草纲目》后，对药学的再一次总结。它是清代最重要的本草著作，一直受到海内外学者的重视。

药宗金鉴三易稿

凡自强不息者，终将获得胜利。
————歌德

千士之诺诺，不如一士之谔谔。
————古训

古人编修本草药典，多为皇家敕令官府催办选天下饱学士人撰著。一般情况下，很少有个人敢于承担此浩大的工程。梁代陶弘景个人撰作了《本草经集注》，经过他千辛万苦，只收集药物730种，其中《名医别录》中已载365种，陶弘景修药典深知其难，对于其中一些药物采取了标出"有名无实"或"有名未用"字样，将困难留给了后人。

《本草经集注》成书150年左右，唐朝政府纂修《新修本草》，就是以陶弘景的药典为底本参照的。

唐显庆二年（公元657年），皇帝下令纂修本草药典。这是世界上第一部政府颁布的药典性本草，为此进行了本草史上第一次全国性药物、药源大普查，其区域之广，方法之备，成就之大是盖世空前的。唐政府组织了医官苏敬等22名当时著名的医药学家、科学家、艺术家及行政官员，主持编修药典盛事。其实，这是唐朝高宗李治在位的一项伟大创举，此后便为武则天所控制了。经过整整两年，不知动用了多少人马财富，终于修成。后由政府颁行全国。

即使这般兴师动众、劳民伤财，《唐本草》实际上只比陶弘景的《本草经集注》新增药物114种。

唐后各代多有政府倡导修订《本草》，其中宋代唐慎微的《证类本草》较著名。它是首先由民间医生唐慎微编修，后由政府修订颁行天下的。李时珍正是知道这一点，才痴迷地要做"明代的唐慎微"。

北宋本草著作蔚为大观，南宋则渐次衰落。元代官修本草有名无实。

←蕉亭会棋图（明·钱谷）

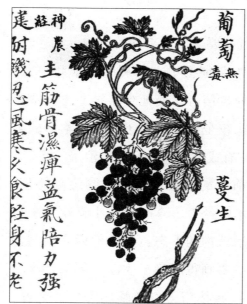

葡萄　無毒

神農　経

蔓生

遠附纖忍風寒久食旺身不老

主筋骨濕痺益氣陪力強

→《本草品汇精要》书影

明代初年的本草大抵是依据宋金元本草，在那里照葫芦画瓢。在《本草纲目》之前，宋唐慎微的《证类本草》仍然在医药界占权威地位。

明代政府对医药极少关心。唯一的官修本草《本草品汇精要》，为明太医院判刘文泰等奉命撰修，书成于明弘治十八年（公元1505年），共收载药物1815种，比《证类本草》只增加几十味药。书中本附有1000多幅精美的彩图，因为没有条件付印，一直束之高阁，未能刊行，事实上就是胎死腹中。

明代的政府不关心天下药物，而聪明仁慈的王爷朱橚编制了《救荒本草》，其绘图皆由写生而来，详明可据。

上述这些本草编撰史，父亲及顾日岩先生已经多次讲给李时珍。自从决心编修本草时，李时珍对本草编撰史更是了如指掌。

一个人的成长过程要受历史事件的影响。年轻时，李时珍收集的多是本草编撰史上有利的因素和信息，这些有利于提高他的自信心，使他少年早立志；中年时，他收集的资料比较全面同时也了解编修本草的困难时，李时珍已经胸有成竹，船大好抗风浪了。

为了编修超过前人的本草，需要绘图绘画技艺，中国自古重书画艺术的教育，李时珍从小喜欢观察自然，很细致地了解动植物的形态，这给他后来绘图带来一些方便。但是，要画得准确、生动、鲜活，李时珍必须学会国画的一些技巧，以及临场写生。为此，李时珍拜了画匠为师，细心学画，练就一手绘图绘画的好手艺。好在，后来在李时珍精心指导下，其长子李建中画艺日臻精湛，他最终承担了《本草纲目》1000多幅药物图的绘制工作。

李时珍30余岁决心编修本草药典，即身体力行，搜罗百氏，穷览群书，躬亲试验，删

增编撰，又经过30余年，基本上编成《本草纲目》，这时的李时珍已经60多岁了。

编撰《本草纲目》是一项浩大的工程。

首先是整理已搜集的笔记资料。为修《本草》，李时珍曾认真查阅过800多种参考书，倾听过千万人的意见，行程万余里，仅记录下来的笔记，就有几百万字。在"莳所馆"专门有一间大屋，装有几柜子的笔记，这是宝贵的资料。整理资料的核心工作是逐项分类，以便按图索骥，信手拈来。本草学本属繁琐之学，况且外加几百万字的本草资料，怎样分类好呢？

大千世界，物各有性，性各有用，举凡土石草木，鸟兽虫鱼，宏微巨细，无所不包，如何严密组织，整理成章，有条不紊地注入册籍编成图书，是历来治本草学者所关注的大事。

自从《神农本草经》创始，药分3品，上药为君药，主养命；中药为臣药，主养性；下药为佐使，主治病。论述时按照上中下三品分类的药物解说，然后每药均依次分记其名

称、性味、主治病症、药的别名和产地环境等。《神农本草经》开后世药物分类学之先河。

←蕉林酌酒图（明·陈洪绶）

后来，陶弘景修《本草经集注》时，在上中下"3品"分类之下，又按照药物在自然界的属性改分6类，即玉石类、草类、木类、虫兽类、果菜类、米食类，再加上"不详"，总计7类。

此后，虽经唐宋重修本草，但都循行陶氏故辙，未脱"3品"分类的窠臼。这样积习成规，习以为常，很难厘正，亦即所谓积重难返。

李时珍慧眼卓识，通盘审视了历代各家的本草分类利弊，吸收其中有益经验，摒弃三品分类的陈规，首创了本草学上的"振纲分目、部类细目"的科学分类方法。这种分类方法十分接近"界、门、纲、目、科、属、种"的西方分类方法。

《本草纲目》以药物的天然来源及属性为纲，把药物分成16部，同一部的药物又以相近的类别为目，全书分60类目。最具有创造性的是对动物类药物的分类。李时珍把444种动物药分成虫、鳞、介、禽、兽、人等6部，已十分接近无脊椎动物、鱼类、爬行类、两栖类、鸟类等西方分类方法……

李时珍的分类叙述方法，条分缕析，读者可一目了然，保证了本草学丰富的博物内容与科学的组织形式的完美统一，使古代本草学开始具备现代药物学的形式。

伟大的《本草纲目》，成书于明万历六年（公元1578年），全书共52卷，近200万字，收载药物1892种，比历代本草增加374种，附图1109幅，附药方

《本草纲目》书影

11096首，列16部为纲，分60类为目。

　　李时珍治学严谨，在《本草纲目》写成后，为了把这部书编写得更充实、更完备，又用了10多年时间，先后做过3次大规模的修改，每次修改，几乎都是推翻成稿，重新编写。

　　写书易，易稿难。有时为了敲实一句话或一个事实，需要翻箱倒柜，遍检图书笔记，甚至要涉水跋山，真可谓"独上高楼，望尽天涯路，蓦然回首，那人却在灯火阑珊处"。

　　天道酬勤。几十年的耕耘终于迎来了金色收获的季节。望着堆积的草稿，李时珍和助手家人们脸上都露出欣慰的微笑。试想，立志修《本草》时李时珍还是一个风流潇洒，神姿翩翩的青年，转瞬间已经是60

多岁的花甲之人了，怎么能不让他感慨万端呢！

一部真正成功的科学著作不仅汇集了前人的成果，正确地揭示出自然界的规律和本质，更重要的是它能够正确地预示未来，指导实践。以此衡量《本草纲目》，它不仅汇集了明代以前中医药学的宝贵文献资料，以及劳动人民与疾病作斗争的经验，它不仅指导了当时的医药实践，还指导着今天的医药实践。它所载的药方，至今被医药界广泛应用，具有良好的功效，其中的许多方、药已被现代科学论证和阐述。在《本草纲目》的启示下，当今中草药研究的品种增加了，领域扩大了，并开辟了诸如生药、药化、药理等方面的研究。在药物资源调查、栽培、饲养、鉴别、炮制、临床观察、剂型改进等方面的研究，也取得了显著成果。现代的中药研究者，常把《本草纲目》的文献作为研究工作的重要参考资料，很多新药和药源是从《本草纲目》中发掘出来的。据有关资料统计，在植物药方面经过现代研究的，达《本草纲目》植物药总数的60%以上。

《本草纲目》不仅在现代药物学和医学的研究工作中起到重要作用，同时在植物、动物、矿物、天文、地理、哲学、文学、化学等方面的价值和作用，也逐渐被人们所认识。因此，植物学家、动物学家、矿物地质学家、生物学家、化学家乃至哲学家、史学家、思想家、文学家都以极大的兴趣涉足这个领域来寻金探宝。

一部《本草纲目》为什么具有那么大的生命力？为什么影响那么深远？关键在于它不仅深刻地揭示了"本草"的规律和本质，正确地预示了它的未来，同时还相应地揭示了自然界其他领域的一些规律和本质，并正确预示了它们的未来，而且不断地被实践所证实。这就是《本草纲目》被人们誉为"中国古代百科全书"的缘由。

《本草纲目》修成了，那么等待它的命运是什么呢？

←药碾

相关链接
XIANGGUAN LIANJIE

中草药联韵

　　里对表，皮对毛，甘草对苦蒿。枣皮对枳壳，磁石对芒硝。熟地黄，生石膏，苦楝对辣蓼。花粉小乌头，锦纹大红袍。防己续断为独活，附子寄生靠人胞。金樱子蜕衣一把伞，徐长卿昆布三晋刀。马兜铃响使君子当归，石指甲破金佛手连翘。根对芽，叶对花，扁豆对木瓜。桂枝对桔梗，地榆对天麻。夜交藤，合欢花，赭石对朱砂。射干一枝箭，益母九节茶。茯神难敌大力子，黑丑偏娶金银花。女贞子仙茅佩龟板，红孩儿大戟披鳖甲。山豆根穿破石越寸冬，路边黄开金锁过半夏。

为求刻书赴金陵

研究，完成，出版。
——法拉第
在世界的进步中起作用的，不是我们
的才能，而是我们如何运用才能。
——罗伯逊

　　《本草纲目》书稿虽然完成杀青，但要把它传到世间，造福民众，并不容易。李时珍很想早日把《本草纲目》印出来，让大家都能看到，他深知民间缺医少药的状况，多少人需要一部高水平的药典啊！

　　那时候，出书需要自己掏腰包，请人刻字印行是需要花很多钱的。当时有一些出版商，他们面对近200万字书稿，特别是需要绘图制版等复杂技术的药书，心中是没有把握的，无人接受《本草纲目》。

　　无奈愤懑之中，李时珍想起了南京这座药医兼备之陪都。他回忆起几次赴宁的经历。

　　那是一个多么令人欢愉的好日子呀。南京虎踞龙盘，城高雄伟，河宽展阔，不愧为国之帝都。他穿过

裂叶翼首花

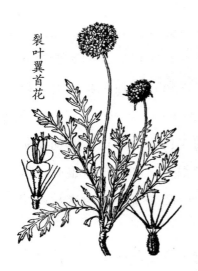

墙草

玄武门直奔药王庙。只见药王庙里里外外，简直成了一个"药世界"了。东一个铺面，西一个摊子，人人都是做药材买卖的。家家店铺，茶楼酒肆，到处都挤满了采办药材的人。

药行店铺门前摆着一排排药篓，篓上插有药名的标签，什么"山陕麦门冬""广南砂仁""泗州紫菀""山东百部""湖州前胡""河南枳壳""关东参茸"……琳琅满目，应有尽有。

李时珍挨个药摊看，边看边问，逐一比较，其乐融融也。最使他兴奋不已的是在药会上见到了不少新奇药物。有个古稀药贩把新近才流行起来的炼樟脑的方法告诉了他，事后他反复试验，不得要领，弄得啼笑皆非。几个泉州商人还免费赠送他一些外国药材，如"乳香""血竭""白豆蔻"等。

李时珍流连药会时，还结识一位擅长刻制雕版的技工，他那样热情，谈起秦淮风月，他沉寂无语，讲起南京印刷行当，他口若悬河……

在《本草纲目》成书的年代，南京正是明朝出版业的中心，书商经营的规模很大，刻本技术也高，李时珍为了找书商合作刻书，在63岁那年，再次从蕲州来到南京。

南京文人荟萃，识金辨玉者车载斗量，不信没有识宝者。李时珍带着书稿东求西问，然而，《本草纲目》这部继往开来的鸿篇巨著还是未能受到当时书商的重视。

终于，李时珍想起主持文坛20余年、赫赫有名的文学大家王世贞。对，就去找他！为此，李时珍又专程赴太仓弇山园拜访王世贞。李时珍诚心实意拜求王世贞为《本草纲目》作序题跋，意欲借其声望，使《本草纲目》能够引起朝野的重视，为刊行天下创造条件。

李时珍早年就同王世贞神交已久，虽然王世贞比李时珍小8岁，但李时珍喜欢王世贞的文采、人格，钦佩他的品德清直。

→熏眼罐

出土于江苏江阴的明代墓葬中。古人将医眼的药汤灌入此灌中，置于炉上加热，药汤的蒸汽从两个孔中喷出，以熏眼病。

王世贞是太仓人，今属江苏省太仓市，嘉靖进士，官至南京刑部尚书辞谢官职后，主持明中期文坛凡20余年，开一代新风。他敢于讽刺明代奸相佞臣严嵩，与严嵩有杀父之仇。王世贞不愧文坛宿将，他对李时珍的《本草纲目》爱之如宝。

后来，他为《本草纲目》所作序中，极为赞叹地说：读此书"如入金谷之园，种色夺目；如登龙君之宫，宝藏悉陈"。

从李时珍《本草纲目》的发行刊印状况看，王世贞的推崇、珍惜，对于扩大其影响，是功不可没的。

刊刻图书除了官书之外，其余均需自己付费，想那李时珍云游天下，变卖家财以购奇药秘方，中年以后又多以编修本草为业，经济一定很紧迫。李时珍逝世后的44年（明崇祯九年即公元1637年）时，明代另一位伟大的科学家宋应星也遇到了这个问题：出书没有钱。

宋应星出版刊印《天工开物》，就是依靠友人、当时任河南汝南兵备道的涂绍奎资助，而刊刻于江西南昌府的。

文豪王世贞答应写序向天下人介绍200万字的《本草纲目》。古代人生活是优哉游哉的，名士文人无不如此。王世贞的序言一写就是10年。直到万历十八年（公元1590年），李时珍已年届古稀，老迈体衰，《本草纲目》因受种种原因的影响，仍持续很长时间未得刊行。其间，李时珍又多处修改润色，《本草纲目》日臻完善。

年迈的李时珍已经经不起风雨舟车的劳顿了，只

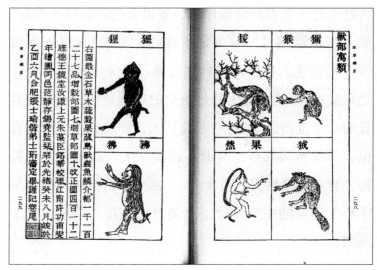

→《本草纲目》书影

好由其长子李建中代去南京，几经周折，终于找到一位名叫胡承龙的开明书商，同意刊刻《本草纲目》。

这是一位值得出版界怀念的伟大书商，他的首肯得以使中国文化史、医药史上的巨著问世。胡承龙自己也因此而流芳后世。

一听到刻印的消息，雨湖畔的李家上下沸腾了。李时珍眼睛里饱含泪水，这是他一生的心血呀！

不久，《本草纲目》始得付刻，刻版工人在一块木板刻上《本草纲目》的文字、图示，成为印刷用的底版，称之雕版。当时印刷图书主要使用雕版印刷，王祯发明的木活字印刷术鲜用。

从此，李家上下忙碌起来。首先，长子李建中几次赴太仓王世贞处催取序言，王世贞的序言终于写好。他对《本草纲目》一书评价甚高："兹岂仅以医书觏哉？实性理之精微，格物之通典、帝王之秘箓，臣民之重宝也。"这些评语经过历史的经验证明，是恰如其分的。王世贞还写道："予窥其人，晬然貌也，癯然身也，津津然谈议也，真北斗以南一人。解其装，无长物，有《本草纲目》数十卷。"这既是对李时珍献身医学科学事业的由衷评价，也是对他高尚的情操的真实写照。

李建中与次子李建元是《本草纲目》的总校正，三子和四子进行重订。孙子们也参加了分次类编以及誊写等工作。儿孙的媳妇们则烧汤端茶，各尽所能。

《本草纲目》的全部附图全是李建中亲手绘成，

← 《秋兴八景图》之一（明·董其昌）

原图许多画稿是工笔彩色，十分真实清晰，这是李建中伴随父亲长途调研时写生临摹下来的。后人都一致认为胡承龙在金陵（南京）刻印的《本草纲目》是最好的版本，即善本。

蕲州与金陵两地虽然有长江为运输水路，毕竟不如今天朝夕可达。金陵要向蕲州咨询，想那李建中一定住在金陵，一边刻制图版，一边担任总监制。

时间过得又快又慢。说时间过得快，因为李时珍转瞬已进入老病交加，无药可医的耄耋之年，他多么盼望早日看到《本草纲目》刊行天下呀，时光如梭似

→明代医生的装扮

箭。说时间过得慢，从始刻到刊行，已经整整3个年头了，雕版像山一样摆放在工场里，手稿仍然一张一张地递给刻版工，时间为什么不能过得快一点……

明万历二十一年（公元1593年），正在伟大的《本草纲目》在南京甫将刊行之际，李时珍年已75岁。《本草纲目》出版刊行了，李时珍却与世长辞了。

在李时珍逝世之前的50年（即公元1543年），西方就有一位科学的巨星哥白尼，他也是在等待自己的著作《天体运行论》出版的过程中去世的。据说，这本在纽伦堡印刷的巨著到达哥白尼手里几小时后，他就逝世了。

哥白尼是幸运的，他看到了自己著作的问世。

李时珍在弥留之际，还念念不忘自己的夙愿，希望能将《本草纲目》献给朝廷，由国家颁行于世，广泛流传以发挥济世救人的效益。

李时珍是一个伟大的慈善之人，他以自己的死换来了《本草纲目》的生，换来了千万人的生。

李时珍逝世3年（公元1596年），李氏兄弟为父守孝仪式结束后，由次子李建元遵照父亲遗嘱，将《本草纲目》献给朝廷。此时已是明朝神宗皇帝（朱翊钧）执政了。这个昏庸无道的皇帝，只顾个人炼丹成仙，

李时珍行医图

毫不注重中国的医药事业，当他接到李建元《进本草纲目疏》时，仅批复"书留览，礼部知道"7个字，致使《本草纲目》一直没有得到朝廷颁发刊行。

← 明代膏药锅

　　这个混蛋皇帝看来分不清这是一本什么书，原来本草之类书籍应批予太医院之类的机构处理，最次也得交户部处理。可是他只以为这是一般的民间进献之礼物，遂批予礼部知道。礼部的官老爷们只知道皇帝国家的礼仪、法纪，根本不懂什么本草、纲目之类，于是乎，一部伟大的著作被束之高阁，等待后世崇祯时的兵燹之灾了。

　　《本草纲目》在朝廷受到冷遇，西出阳关无故人；可是在民间却受到异常热烈的礼遇，真是天下谁人不识君！不仅王世贞慧眼识宝，书商胡承龙爱宝有加，其他人也热心爱戴……

　　金陵刻本不久销售一空。在李建元进献朝廷不过六七年的时间后，江西人夏良心、张鼎思等人，又

以金陵胡承龙本为蓝本，翻刻一版，刊行问世后立即受到朝野的注意，社会各阶层把它视为家珍必藏之书，简直大有洛阳纸贵之势。从《本草纲目》首次刻印问世，不到60年的时间，前后陆续翻刻了9次，平均不到6年就重印一次。其社会反响的热度由此可见。

人们逐渐认识到《本草纲目》涉及国计民生，具有无与伦比的价值。由于金陵（南京）胡承龙初刻比较符合李时珍原作的面貌，所以得到积极收藏。金陵首刻本《本草纲目》距今已有400余年，存世之本，本应罕见，可是据查证资料表明，目前在中国、日本、美国、德国尚存有完整无缺的《本草纲目》共7部。从文物角度上说，这是世界性瑰宝。

至于其他刻版存世无以计数。从李建中校定《本草纲目》最后一个字，到20世纪80年代《本草纲目》的中文版不下60版，其中还不包括以《本草纲目》为蓝本的节选、节编、阐释、补订或浅说之类的版本。

毫不夸张地说，明末著作到今天影响最大的是《三国演义》之类的小说，而出版翻刻最多的是《本草纲目》。它在中国传播之广、流传之久、影响之深，不愧为中国医药宝库中的伟大著作。

李时珍有知，当含笑九泉了。

←李时珍诊病图

步出国门的《本草纲目》

　　一个人是很高兴看到自己毕生的辛勤劳动被认识，被加冕的。

　　　　　　　　　　　　　　——海塞

　　中国是一个伟大的、历史悠久的文化古国，它除了具有美丽的三山五岳之外，更吸引人们的是她源远流长的文化。几千年封建社会，朝廷政府统一从事的文化活动影响一般微不足道，当然秦始皇"字同文"除外，人民群众以及他们中间的杰出代表——知识分子的文化创造，影响深远。

　　中国古代的科学技术的辉煌，一般都是民间科学家自发研究的结果，真正从事"格物致知之学"的人，无非几类。

　　首先是为官多年，辞官赋闲时，积极从事科学技术研究，潜心记录或钻研自然奥秘，最终自成一家之言，如宋代沈括和明代徐光启等人。

　　其次是在野之人，无欲无求的道家方士，他们向仙求道，炼金冶丹，在反复的试验的盲目的探索中发现了自然之奇、造化之秘，因而青史留名，如葛洪、魏伯阳等人。

第三是科举失败猛醒而投身于科学技术研究，终于成名天下闻，如李时珍等人。

没有受到朝廷重视的文化创造及其作用更巨大。这里，且不论屈原赋《离骚》而自沉汨罗江，苏轼放

←占日测病

"天人合一"是中医的一个基本思想，即人的身体健康状况与日月运行和天气变化相照应，因此通过对天气的观察，可以预测人的健康。图为明代《御制天元玉历祥异赋》中的一幅占日预测疾病的插图。

逐而吟"大江东去"，只以明代 3 位自民间自发地创造文化活动的伟大人物李时珍、徐霞客、宋应星为例，就可以说明这一点。

李、徐、宋三位均生于明代，均为科举落第的知识分子，他们又自发地走上了科学文化的创造之路。在他们的科学研究与创造实践中，没有得到过朝廷哪怕一丝一毫的支持。他们不像哥伦布、达·伽马、麦哲伦那样得到了朝廷的资助，完全是自掏腰包的行动。

是伟大中国的文化和山川培育了他们，他们无愧于"生于斯、长于斯"的祖国，开创出了与天地同辉的伟大事业。

他们的影响所及，让外国人也为之震动。其中，李时珍的《本草纲目》步出国门，扬名济世于天下，堪称明代的一个盛事。

→ 大树风号图（明·项圣谟）

随着国际文化交流，《本草纲目》这部伟大的著作流传到了国外，声誉鹊起。《本草纲目》首先通过海路传到日本，随后到达朝

鲜、东南亚、欧洲乃至全世界。

《本草纲目》初刻于金陵（南京）的版本问世不久，于公元1607年经商埠长崎首次传入日本。随后日本学者林罗山（道春）又从中国购得一套江西版的《本草纲目》。他发现《本草纲目》的内容极为适合日本的社会需要，立即晋献给日本幕府首脑德川家康，很快受到日本朝野上下的注意。这部《本草纲目》被奉为"神君御前本"。稍后，日本名医曲直东井又得到一套甚为宝贵的金陵版《本草纲目》，精心研究，珍藏传家，此书于公元1857年被当作宝贵的文献珍藏在东京内阁文库……

18世纪，《本草纲目》经辽东陆路过鸭绿江传入睦邻朝鲜，曾经受到李朝太医内局的首医（太医中位第一把交椅者）康锡君的积极推崇。康锡君撰写传世的李朝三大名医书如《济众新编》等，曾经广泛地参考

了《本草纲目》。此后，名医洪得周、黄度渊等均参照《本草纲目》撰写了本草类著作及文献资料。徐有榘是朝鲜的著名博物学家，他的博物学巨著《林园经济十六志》中，大量地引用了《本草纲目》的文献资料。《本草纲目》成为朝鲜药学界、博物学界的权威著作。近代医家池锡永采撷了《本草纲目》的英华，曾著《本草英华》在朝鲜流行。

公元1872年，琉球（现已归属日本，即冲绳）使臣吕风仪来访，曾携带《本草纲目》返回琉球群岛，并撰写了一部《琉球百问》，阐扬中国的本草学及其研究成果。

据考证研究，现代在越南、缅甸、巴基斯坦、尼泊尔等东南亚各国以及印度、斯里兰卡等国家的图书

馆和私人藏书家手中，都发现有《本草纲目》的各种版本。上述各国医药界人士对此书信加赞赏，常常作为指导他们医疗实践的重要参考书，对发展医药事业产生过

良好的影响。

　　《本草纲目》于
18世纪初中叶，还通
过海路传入欧洲。我
国著名科学史专家潘
吉星教授，曾在国外
专门考察过《本草纲
目》的流传状况，他
穿洲过国，奔走于各
国图书馆及汉学研究

中心，与欧美各国汉学家广泛接触，交流信息，切磋
学问。据他的考察报告称，他在法国巴黎国民图书馆、
英国伦敦大英博物馆、德国柏林图书馆、美国华盛顿
国家图书馆，以及英国的剑桥、牛津、曼彻斯特，美
国的纽约、费城、普林斯顿、芝加哥、旧金山等城市，
都见到了各种版本的《本草纲目》。俄、意、荷、瑞
典、西班牙、比利时等欧洲国家，也收藏有各种不同
版本的《本草纲目》。尤其是德国柏林图书馆和美国国
会图书馆收藏的"金陵本"更为珍贵，引人瞩目。

　　有明确的证据表明，公元1733年法国凡德蒙特访
华时得到了《本草纲目》，在中国人的协助下，他最早
将《本草纲目·金石部》译成法文，并将它转交巴黎

→景德镇五彩鱼藻瓷瓶（明代）

自然博物馆收藏。法国巴黎科学院的通讯院士巴多明、汤执中利用来华传教的机会，采集植物标本，节译《本草纲目》有关片段寄回法国，最早引起法国科学界的关注。

据考证资料表明，《本草纲目》还影响了现代生物学的两位伟大的先驱，他们就是植物分类学的创始人林奈和生物进化论的创始人达尔文。

瑞典伟大的博物学家卡尔·冯·林奈，晚生于李

时珍大约200年，曾创立生物分类学的理论基础，被人们誉为"为自然界立法的人"。另一位瑞典植物学家拉格斯特朗，曾经将他在华期间精心采到的1000余种植物标本和《本草纲目》的中文原著，送给林奈。我们在林奈的不足12页的学术论文《自然系统》中，不难找到《本草纲目》的痕迹。这篇论文确立了他在植物分类学历史上的卓越地位，显然《本草纲目》成为他建立植物分类学思想的知识源泉之一。

英国伟大的生物学家达尔文，在奠定进化论理论基础时，直接或间接地引证过李时珍的《本草纲目》。他曾借助于大英博物馆东方文献部主任贝契的帮助，引用了《本草纲目》的动物学内容，他称誉《本草纲目》为中国古代百科全书。达尔文在研究某些生物的变异时，从《本草纲目》中找到了许多他立论需要的历史依据。

科学就是追求真理，追求光明和进步。一部中国古代的本草学著作，被西洋人、东洋人乃至全世界人民奉为至宝，无非在于它里面富含智慧和科学价值。

英国著名汉学巨擘、世界级科学史专家李约瑟高度评价《本草纲目》，他说：

"无疑地，明朝最伟大的科学成就就是李时珍的《本草纲目》。李时珍在和伽利略等人的科学运动完全隔离的情况下，能在科学上获得如此辉煌的成就，这对任何人来说都是难能可贵的。"

李时珍无愧于他所处的那个时代。以1550—1560年为基点，让我们横向比较一下那个时代地球人的科学活动和贡献吧，英国人第一次将欧几里得的《几何原本》从希腊文译成英文；意大利的伽利略刚刚发现摆振动的等时性；瑞典人帕拉塞尔苏斯提出世界组成的"三元素说"——盐、汞、硫的理论；波兰人哥白尼的《天体运行论》刚出版不久；丹麦人第谷·布拉赫千辛万苦刚建成"汶岛天文台"，还未开始他那著名的长达20余年的天文观测，而大名鼎鼎的开普勒尚在蹒跚学步；葡萄牙人麦哲伦实现人类的第一次环球航行，发现地球是圆的；西班牙人塞尔维特因发现血液循环而被处以火刑；

李时珍与其父墓，位于湖北蕲春蕲州镇雨湖之滨

←李时珍像

德国人阿格里柯拉的名著《论金属》墨迹未干，他正描述德国人最早采用畜力代替风力、水力，用以排除矿井下的积水……

李时珍足堪与上述任何人并列于世界民族科学文化之林。

李时珍是世界医药学界的巨擘，是中华民族的骄傲。